PONS

Reisewörterbuch Italienisch

bearbeitet von
Barbara Huter u. a.
neu bearbeitet von
Serena Kästel

Ernst Klett Verlag
Stuttgart · München · Düsseldorf · Leipzig

PONS Reisewörterbuch
Bearbeitet von:
Dr. Barbara Huter u. a.
Neu bearbeitet von:
Serena Kästel

Grammatik bearbeitet von:
Barbara Mack, Stuttgart
Neu bearbeitet von:
Serena Kästel, Stuttgart

Warenzeichen
Wörter, die unseres Wissens eingetragene Warenzeichen darstellen, sind als solche gekennzeichnet. Es ist jedoch zu beachten, daß weder das Vorhandensein noch das Fehlen derartiger Kennzeichnungen die Rechtslage hinsichtlich eingetragener Warenzeichen berührt.

Die Deutsche Bibliothek – CIP-Einheitsaufnahme
Pons-Reisewörterbuch. – Stuttgart; München; Düsseldorf; Leipzig: Klett.
Früher Medienkombination
NE: Reisewörterbuch
Italienisch / bearb. von Barbara Huter u. a. – [Neuausg.]
1. Aufl., 6. Nachdr. / neu bearb. von Serena Kästel. – 1996
ISBN 3-12-518631-5
NE: Huter, Barbara; Kästel, Serena [Bearb.]

Gedruckt auf Papier,
das aus chlorfrei gebleichtem Zellstoff hergestellt wurde

1. Auflage 1992 – Nachdruck 1996

Redaktion: Barbara Pflüger, Regina Reinboth
Umschlaggestaltung: BSS, Sachse und Partner GmbH, Bietigheim-Bissingen, Erwin Poell, Heidelberg
Fotosatz: Fotosatz Kaufmann, Stuttgart
Reproduktionen: Günther Piltz, Esslingen
Druck: Konkordia Druck GmbH, Bühl/Baden
Printed in Germany.

ISBN 3-12-518631-5

Inhalt

Vorwort

Das PONS Reisewörterbuch Italienisch ist ein „Verständigungsführer“. Mit ihm lernen Sie nicht nur einzelne Wörter, sondern wie Sie sich tatsächlich im Ausland verständigen können.

Für Alltagssituationen, in die Sie bei Ihrer Reise geraten, sind die gebräuchlichsten Redewendungen aufgeführt. Diese sind dialogisch aufgebaut, so daß Sie nicht nur wissen, was Sie zu sagen haben, sondern auch die entsprechenden Antworten verstehen können.
Beachten Sie die blauen Punkte. Sie markieren Äußerungen oder Sätze, mit denen Sie auf Ihrer Auslandsreise am häufigsten konfrontiert werden.

Das PONS Reisewörterbuch Italienisch ist in 11 Themenbereiche gegliedert. Es begleitet Sie auf allen Etappen Ihrer Auslandsreise: auf der Anreise oder bei der Ankunft im Hotel, am Strand genauso wie bei einem Treffen mit Geschäftsfreunden.
Zu jedem dieser Themenbereiche finden Sie die wichtigsten Redewendungen mit thematisch geordneten Wortlisten. In ihnen sind die wichtigsten Begriffe aufgeführt, die in den jeweiligen Situationen vorkommen können.
Mit Hilfe dieser Wortlisten sowie des zusätzlichen Wörterbuchteils am Ende des Buches können Sie die aufgeführten Beispielsätze den konkreten Situationen individuell anpassen.

Die Kurzgrammatik hilft Ihnen, sich rasch über den Aufbau der italienischen Sprache zu orientieren.

Bilder und nützliche Tips informieren Sie und stimmen Sie auf kulturelle Besonderheiten und die landschaftlichen Reize Italiens ein.

Aussprache

Im allgemeinen wird das Italienische so ausgesprochen wie es geschrieben wird. Die Betonung liegt bei den meisten mehrsilbigen Wörtern auf der vorletzten Silbe: ristorạnte, venịre, giornạle. Abweichungen werden in diesem Reisewörterbuch durch einen Punkt unter dem betonten Vokal angegeben (pịccolo, giọvane).

Besonderheiten bei der Aussprache

- Doppelkonsonanten sind deutlich wahrnehmbar: bel-lo
- Bei Vokalverbindungen ist jeder einzelne Vokal hörbar: E-uropa

c, cc	[k] [tʃ]	wie deutsches „k“ (ohne Hauch): vor Konsonanten und vor den Vokalen „a, o, u“ wie deutsches „tsch“: vor den Vokalen „e, i“	classe banco casa accento dieci
ch, cch	[k]	wie deutsches „k“ (ohne Hauch)	che, pacchi
ci, cci	[tʃ]	wie deutsches „tsch“: vor „a, o, u“	ciao! cioccolata
g, gg	[g] [dʒ]	wie deutsches „g“: vor Konsonanten und vor „a, o, u“ wie in „*Dsch*ungel“ (weicher): vor „e, i“	grande gondola gente oggi
gh	[g]	wie deutsches „g“	ghiaccio
gi, ggi	[dʒ]	wie in „*Dsch*ungel“ (weicher)	mangiare
gl	[ʎ]	ungefähr wie in „Fami*li*e“	figlio
gn	[ɲ]	wie in „Kog*n*ak“	bagno
h		wird nie ausgesprochen	ho
qu	[ku]	wie in „*Ku*ala Lumpur“	acqua
r	[r]	wird als Zungen-r gesprochen	mare

s	[s]	stimmlos wie in „Haus, Kiste“: am Wortanfang	sole sera
	[z]	stimmhaft wie in „Rose“: zwischen zwei Vokalen	rosa
sc	[sk]	wie in „*Sk*ala“: vor Konsonanten und vor „a, o, u“	scrivere scusi
	[ʃ]	wie deutsches „sch“: vor „e, i“	pesce, uscita
sch	[sk]	wie in „Skala“	Ischia
sci	[ʃ]	wie deutsches „sch“: vor „a, o, u“	lasciare sciopero
sp	[sp]	wie in „Wespe“	sport
st	[st]	wie in „Kiste“	stato
v	[v]	wie deutsches „w“	vespa

Substantive mit der Endung **o** sind männlich; Substantive mit der Endung **a** sind weiblich. Nur bei Abweichungen von dieser Regel (**mano** *f* Hand) und bei anderen Endungen (**canzone** *f* Lied) wird das Geschlecht der Substantive angegeben.

Das italienische Alphabet

A	a	[a]	J	j	[i l'luŋgo]	S	s	['ɛsse]
B	b	[bi]	K	k	['kappa]	T	t	[ti]
C	c	[tʃi]	L	l	['ɛlle]	U	u	[u]
D	d	[di]	M	m	['ɛmme]	V	v	[vu]
E	e	[e]	N	n	['ɛnne]	W	w	[vu d'doppi̯o]
F	f	['ɛffe]	O	o	[ɔ]	X	x	[iks]
G	g	[dʒi]	P	p	[pi]	Y	y	['ipsilon]
H	h	['akka]	Q	q	[ku]	Z	z	['dzɛ:ta]
I	i	[i]	R	r	['ɛrre]			

Abkürzungen im Reisewörterbuch

acc	Akkusativ	accusativo
adj	Adjektiv	aggettivo
adv	Adverb	avverbio
conj	Konjunktion	congiunzione
dat	Dativ	dativo
el	Elektrizität	elettricità
etw	etwas	qualcosa
f	Femininum, weiblich	femminile
jdm	jemandem	a qualcuno
jdn	jemanden	qualcuno
m	Maskulinum, männlich	maschile
mech	Mechanik	meccanica
med	Medizin	medicina
pers prn	Personalpronomen	pronome personale
pl	Plural	plurale
poss prn	Possessivpronomen	pronome possessivo
prn	Pronomen	pronome
prp	Präposition	preposizione
qc	etwas	qualcosa
qlc	jemand/en	qualcuno
rel	Religion	religione
tele	Telefon, Telegraf	telefono, telegrafo

Allgemeine Abkürzungen

a	arrivo	Ankunft
a. C.	avanti Cristo	vor Christus
ACI	Automobile Club Italiano	Italienischer Automobilklub
CEE	Comunità Economica Europea	EG
CIT	Compagnia Italiana Turismo	Italienische Reiseverkehrsgesellschaft
D	diretto	Eilzug
d. C.	dopo Cristo	nach Christus
DD	direttissimo	Schnellzug
dott.	dottore	Doktor
ecc.	eccetera	usw.
ENIT	Ente Nazionale Italiano per il Turismo	Staatl. Fremdenverkehrsamt
F. S.	Ferrovie dello Stato	Staatsbahnen
IVA	imposta sul valore aggiunto	Mehrwertsteuer
m.	monte / metro	Berg / Meter
MEC	Mercato Comune Europeo	EG
mq.	metro quadrato	m^2
p.	pagina	Seite
part.	partenza	Abfahrt
p. es.	per esempio	z. B.
P. S.	Pubblica Sicurezza	Sicherheitspolizei
rag.	ragioniere	Studientitel (Absolvent eines Wirtschaftsgymnasiums)
RAI	Radio Audizioni Italiane	Ital. Radio- und Fernsehgesellschaft
S. A.	società anonima	Aktiengesellschaft
S. r. l.	società a responsabilità limitata	Gesellschaft mit beschränkter Haftung
Sig.	signor	Herr
Sig.ra	signora	Frau
Sig.na	signorina	Fräulein
SME	sistema monetario europeo	Europäisches Währungssystem

1 Auf einen Blick
A colpo d'occhio

Oft gesagt und oft gehört

Espressioni di uso comune

Ja.	Sì.
Nein.	No.
Bitte.	Per favore.
Danke.	Grạzie.
Keine Ursache.	Non c'è di che.
Wie bitte?	Come dice?
Selbstverständlich.	Certo.
Einverstanden!	D'accordo!
Okay!	Okay!
In Ordnung!	Va bene!
Verzeihung!	Scusi!
Das macht nichts.	Non fa nulla.
Einen Augenblick, bitte.	Un momento, prego!
Genug!	Basta!
Hilfe!	Aiuto!
Wer?	Chi?
Was?	Che cosa?
Welcher/Welche/ Welches?	Quale?
Wem?	A chi?
Wen?	Chi?
Wo?	Dove?
Wo ist/Wo sind …?	Dov'è/dove sono …?
Woher?	Da dove?
Wohin?	Dove?
Warum?	Perchè?
Weshalb?	Come mai?
Wofür?	Per che cosa?

Wozu?	A che cosa?
Wie?	Come?
Wieviel?	Quanto/Quanta?
Wie viele?	Quanti/Quante?
Wie lange?	Per quanto tempo?
Wann?	Quando?
Ich möchte …	Vorrei …
Gibt es …?	C'è/Ci sono …?

Zahlen/Maße/Gewichte

I nụmeri/Le misure/I pesi

0	zero
1	uno
2	due
3	tre
4	quattro
5	cinque
6	sei
7	sette
8	otto
9	nove
10	dieci
11	ụndici
12	dọdici
13	trẹdici
14	quattọrdici
15	quindici
16	sẹdici
17	diciassette

18	diciọtto
19	diciannove
20	venti
21	ventuno
22	ventidụe
23	ventitré
24	ventiquattro
25	venticinque
26	ventisẹi
27	ventisette
28	ventotto
29	ventinove
30	trenta
31	trentuno
32	trentadụe
40	quaranta
50	cinquanta
60	sessanta
70	settanta
80	ottanta
90	novanta
100	cento
101	centoụno
200	duecento
300	trecento
1000	mille
2000	duemila
3000	tremila
10000	diecimila
100000	centomila
1000000	un milione

1.	primo
2.	secondo
3.	terzo
4.	quarto
5.	quinto
6.	sesto
7.	sẹttimo
8.	ottavo
9.	nono
10.	dẹcimo
1/2	un mezzo
1/3	un terzo
1/4	un quarto
3/4	tre quarti
3,5 %	tre vịrgola cinque per cento
27 °C	ventisette gradi
–5 °C	cinque gradi sotto zero
1992	mịllenọvecẹntonovantadue
Millimeter	millịmetro
Zentimeter	centịmetro
Meter	metro
Kilometer	chilọmetro
Meile	mịglio
Seemeile	mịglio marino
Quadratmeter	metro quadrato
Quadratkilometer	chilọmetro quadrato
Ar	ara
Hektar	ẹttaro
Liter	litro
Gramm	grammo

Pfund	mezzo chilo
100 Gramm	un etto
Kilogramm	chilogrammo
Dutzend	dozzina

Zeitangaben

L'ora

Uhrzeit	L'ora
Wieviel Uhr ist es?	Che ore sono?
Können Sie mir bitte sagen, wie spät es ist?	Mi può dire che ore sono, per favore?
Es ist (genau) ...	Sono ... in punto.
Es ist (ungefähr) ... 3 Uhr. 5 nach 3. 3 Uhr 10. Viertel nach 3. halb 4. Viertel vor 4. 5 vor 4.	Sono circa ... le tre. le tre e cinque. le tre e dieci. le tre e un quarto. le tre e mezza. le quattro meno un quarto. le quattro meno cinque.
Es ist 1 Uhr.	È l'una.
Es ist 12 Uhr mittag/Mitternacht.	È mezzogiorno/mezzanotte.
Geht diese Uhr richtig?	Questo orologio va bene?
Sie geht vor/nach.	Va avanti/indietro.
Es ist spät/zu früh.	È tardi/troppo presto.
Um wieviel Uhr?/Wann?	A che ora?/Quando?
Um 1 Uhr.	All'una.
Um 2 Uhr.	Alle due.
Gegen 4 Uhr.	Verso le quattro.
In einer Stunde.	Fra un'ora.
In zwei Stunden.	Fra due ore.

Nicht vor 9 Uhr morgens.	Non prima delle nove del mattino.
Nach 8 Uhr abends.	Dopo le otto di sera.
Zwischen 3 und 4.	Tra le tre e le quattro.
Wie lange?	Per quanto tempo?
Zwei Stunden (lang).	Per due ore.
Von 10 bis 11.	Dalle dieci alle undici.
Bis 5 Uhr.	Fino alle cinque.
Seit wann?	Da quando?
Seit 8 Uhr morgens.	Sin dalle otto del mattino.
Seit einer halben Stunde.	Da mezz'ora.
Seit einer Woche.	Da una settimana.

Sonstige Zeitangaben	**Altre espressioni per indicare l'ora**
abends	di sera
alle halbe Stunde	ogni mezz'ora
alle zwei Tage	ogni due giorni
am Sonntag/am Wochenende	domenica/a fine settimana
bald	presto
diese Woche	questa settimana
gegen Mittag	verso mezzogiorno
gestern	ieri
heute	oggi
heute morgen/abend	stamattina/stasera
in 14 Tagen	fra quindici giorni
innerhalb einer Woche	entro una settimana
jeden Tag	ogni giorno
jetzt	ora
kürzlich	recentemente
letzten Montag	lunedì scorso

manchmal	a volte
mittags	a mezzogiorno
morgen	domani
morgen früh/abend	domattina/domani sera
morgens	la mattina (presto)
nachmittags	il pomeriggio
nächstes Jahr	l'anno prọssimo
nachts	di notte
stündlich	ogni ora
täglich	tutti i giorni, giornalięro
tagsüber	di giọrno
übermorgen	dopo domani
um diese Zeit	verso quest'ora
von Zeit zu Zeit	di tanto in tanto
vor zehn Minuten	dieci minuti fa
vorgestern	l'altro ięri
vormittags	la mattina

Wochentage — I giorni della settimana

Montag	lunedì
Dienstag	martedì
Mittwoch	mercoledì
Donnerstag	giovedì
Freitag	venerdì
Samstag	sạbato
Sonntag	domẹnica

Monate — I mesi

Januar	gennạio
Februar	febbrạio

März	marzo
April	aprile
Mai	mạggio
Juni	giụgno
Juli	lụglio
August	agosto
September	settembre
Oktober	ottobre
November	novembre
Dezember	dicembre

Jahreszeiten	Le stagioni
Frühling	primavera
Sommer	l'estate *f*
Herbst	autunno
Winter	inverno

Feiertage	Giorni festivi
Neujahr	Capodanno
Dreikönigstag	L'Epifania
Karneval	Carnevale
Fastnachtsdienstag	Martedì grasso
Aschermittwoch	Mercoledì delle ceneri
Gründonnerstag	Giovedì Santo
Karfreitag	Venerdì Santo
Ostern	Pasqua
Ostermontag	Lunedì dell' Angelo
25. April	Liberazione
1. Mai	Festa del lavoro
Fronleichnam	Corpus Domini
Maria Himmelfahrt (15. August)	Assunzione, Ferragosto
Allerheiligen (1. November)	Ognissanti
8. Dezember	Immacolata Concezione
Heiliger Abend	Vigilia di Natale
Weihnachten	Natale
1. Weihnachtsfeiertag	Il giorno di Natale
2. Weihnachtsfeiertag	Santo Stefano
Silvesterabend	S. Silvestro

➧ *Aussprache siehe Seite 7*

Datum — Data e età

Den Wievielten haben wir heute?	Quanti ne abbiamo oggi?
Heute ist der 1. Mai.	Oggi è il primo maggio.
Heute ist der 2./3./… Mai.	Oggi è il due/il tre/il … maggio.

*Die Italiener verwenden bei den Datumsangaben immer die Grundzahlen, nur für den 1. eines jeden Monats die Ordnungszahl **primo.***

Wetter

Il tempo

Wie wird das Wetter heute?	Che tempo farà oggi?
Wir bekommen … schönes Wetter. schlechtes Wetter. unbeständiges Wetter.	Farà … bel tempo. brutto tempo. un tempo variabile.
Es bleibt schön/schlecht.	Rimane bello/brutto.
Es wird wärmer/kälter.	Sta diventando più caldo/freddo.
Es soll regnen/schneien.	Pioverà/nevicherà.
Es ist kalt/heiß.	Fa freddo/caldo.
Es ist schwül.	C'è afa.
Es zieht ein Gewitter auf.	S'avvicina un temporale.
Wir bekommen Sturm.	Avremo un temporale/una tempesta.
Es ist neblig/windig.	C'è nebbia/vento.
Die Sonne scheint.	C'è il sole.
Der Himmel ist wolkenlos/bedeckt.	Il cielo è sereno/coperto.

Wieviel Grad haben wir heute?	Quanti gradi abbiamo oggi?
Es ist 20 Grad Celsius.	Abbiamo una temperatura di 20 gradi.
Wie ist der Straßenzustand in den Dolomiten?	In che stato si trọvano le strade nelle Dolomiti?
Die Straßen sind glatt.	Le strade sono ghiacciạte.
Die Sicht beträgt nur 20 m/weniger als 50 m.	C'è una visibilità di soli 20 m/inferiore ai 50 m.
Schneeketten sind erforderlich.	Ci vọgliono le catene.

Wortliste Wetter

Barometer	barọmetro
bewölkt	nuvoloso
Blitz	il fụlmine
Bö	la rạffica di vento
Bora	la bora
Dämmerung	
(am Morgen)	alba
(am Abend)	crepụscolo
Donner	tuọno
Dunst	foschịa
Ebbe	bassa marea
Eis	ghiạccio
feucht-kühl	freddo-umido
feucht-warm	caldo-umido
Flaute	bonaccia
Flut	alta marea
Frost	gelo
Glatteis	strade ghiacciạte
Graupel	gragnola
Hagel	la grạndine
heiß	caldo, bollente
heiter	sereno
Hitze	caldo
~welle	ondata di caldo
Hoch	l'anticiclone *m*, l'alta pressione *f*

kalt	freddo
Klima	il clima
Luft	ạria
~druck	la pressione atmosfẹrica
naß	bagnato
Nebel	nẹbbia
Niederschlag	le precipitazioni
Nieselregen	la pioviggine
Pulverschnee	la neve farinosa
Regen	piọggia
~schauer	gli scrosci di pioggia
regnerisch	piovoso
Schnee	la neve
~sturm	bufera di neve
schwül	afoso
Sonne	il sole
Sonnen|aufgang	levata del sole/il sorgere del sole
~untergang	tramonto
sonnig	soleggiato
sternenklar	stellato
Tauwetter	disgelo
Temperatur	temperatura
Tief	il ciclone, la bassa pressione
Trockenheit	siccità
Überschwemmung	l'alluvione *f*
warm	caldo
wechselhaft	variạbile
Wetter|bericht	bollettino meteorolọgico
~vorhersage	le previsioni metereolọgiche
Wind	vento
~stärke	intensità del vento
Wolke	nụvola
Wolkenbruch	nubifrạgio

Wortliste Farben

beige	beige
blau	blu
braun	marrone
kastanien~	castano
farbig	a colori
ein~	a tinta unita
mehr~	a più colori
gelb	giạllo
golden	colọr oro
grau	grịgio
grün	verde
lila	lilla
orange	arancione
rosa	rosa
rot	rosso
schwarz	nero
silbern	argento
türkisfarben	turchese
violett	viọla
weiß	biạnco
hell…	…chiaro
dunkel…	…scuro

2 Kontakte
Contatti

Begrüßung/Vorstellung/Bekanntschaft

Saluti/Presentazione/Relazioni

Guten Morgen/Tag!	Buon giorno.
Guten Abend!	Buona sera.

Gilt bereits für den Nachmittag, vor allem in Mittel- und Süditalien!

Hallo!/Grüß dich!	Cią̣o!
Wie ist Ihr Name, bitte?	Come si chiama?
Wie heißt du?	Come ti chiami?
Mein Name ist …/Ich heiße …	Mi chiamo …
Darf ich bekannt machen? Das ist …	Le posso presentare …
Frau X.	la signora X.
Fräulein X.	la signorina X.
Herr X.	il signor X.
mein Mann.	mio marito.
meine Frau.	mia mọglie.
mein Sohn.	mio fịglio.
meine Tochter.	mia fịglia.
mein Bruder/meine Schwester.	mio fratello/mia sorella.
mein Freund/meine Freundin.	il mio amico/la mia amica.
mein Kollege/meine Kollegin.	il mio collega/la mia collega.
Wie geht es Ihnen?	Come sta?
Wie geht's?	Come va?
Danke. Und Ihnen/dir?	Bene, grạzie. E Lei/tu?
Woher kommen Sie/kommst du?	Di dov'è Lei?/Di dove sei tu?
Ich bin aus …	Sono di …
Sind Sie/Bist du schon lange hier?	È /Sei qui da molto?

Ich bin seit … hier.	Sono qui da …
Wie lange bleiben Sie/bleibst du?	Quanto si ferma/ti fermi?
Sind Sie/Bist du zum ersten Mal hier?	È/Sei qui per la prima volta?
Sind Sie/Bist du allein?	È/Sei solo/a?
Nein, ich bin mit meiner Familie hier/mit Freunden unterwegs.	No, sono qui con la mia famịglia/sono in viạggio con degli amici.
Sind Sie/Bist du auch im Hotel Astoria/auf dem Campingplatz …?	È anche Lei/Sei anche tu all'hotel Astoria/al campeggio …?

Alleine unterwegs/Verabredung

In viạggio da solo/Appuntamento

Warten Sie/Wartest du auf jemanden?	Aspetta/Aspetti qualcuno?
Haben Sie/Hast du für morgen schon etwas vor?	Ha/Hai già un programma per domani?

Wollen wir zusammen hingehen?	Ci andiạmo insiẹme?
Wollen wir heute abend miteinander ausgehen?	Vogliamo uscire insieme stasera?
Darf ich Sie/dich zum Essen einladen?	La/Ti posso invitare a pranzo/cena?
Wann treffen wir uns?	A che ora ci incontriạmo?
Darf ich Sie/dich abholen?	Posso venire a prẹnderLa/prẹnderti?
Wann soll ich kommen?	A che ora devo venire?
Treffen wir uns um 9 Uhr …	Ci incontriamo alle 9 …
vor dem Kino.	davanti al cinema.
auf dem … Platz.	in piazza …
im Café.	al bar.

➧ *Aussprache siehe Seite 7*

Sind Sie verheiratet?	È sposato/sposata?
Hast du einen Freund/eine Freundin?	Hai un amico/un'amica?
Darf ich Sie/dich nach Hause bringen?	La/Ti posso accompagnare a casa?
Ich bringe Sie/dich noch zum/zur …	La/Ti porto …
Kann ich Sie/dich wiedersehen?	La/Ti posso rivedere?
Ich hoffe, Sie/dich bald wiederzusehen.	Spero di rivederLa/rivederti presto.
Vielen Dank für den netten Abend.	Grạzie della bella serata.
Lassen Sie mich bitte in Ruhe!	Mi lasci in pace, per favore!
Hau ab!	Sparisci!
Jetzt reicht's!	Adesso basta!

Besuch

Una visita

Entschuldigen Sie, wohnt hier Herr/Frau/Fräulein X?	Scusi, ạbita qui il signor/la signora/la signorina X?
Nein, er/sie ist umgezogen.	No, ha cambiato casa.
Wissen Sie, wo er/sie jetzt wohnt?	Sa dove ạbita adesso?
Kann ich mit Herrn/Frau/Fräulein X sprechen?	Posso parlare col signor/con la signora/con la signorina X?
Wann ist er/sie zu Hause?	Quando sarà in casa?
Kann ich eine Nachricht hinterlassen?	Posso lasciạre un messạggio?
Ich komme später noch einmal vorbei.	Ripasso più tardi.
• Kommen Sie/Komm herein.	Si accọmodi/accọmodati.
• Nehmen Sie/Nimm bitte Platz.	Si accọmodi/accọmodati.

In Italien sagt der Besucher ***permesso,*** *bevor er, der Aufforderung des Gastgebers folgend, dessen Wohnzimmer oder dessen Wohnung betritt.*

Ich soll Sie/dich von Paul grüßen.	Tanti saluti da parte di Paul.
• Was darf ich Ihnen/dir zu trinken anbieten?	Che cosa Le/ti posso offrire da bere?
Auf Ihr/dein Wohl!	Alla Sua salute!/Alla tua!
• Können Sie/Kannst du nicht zum Mittagessen/Abendessen bleiben?	Non può/puoi rimanere a pranzo/cena?
Vielen Dank. Ich bleibe gern, wenn ich nicht störe.	Grạzie. Se non disturbo, rimango volentiẹri.
Es tut mir leid, aber ich muß jetzt gehen.	Mi dispiace, ma ora devo andạre.

Abschied
Congedo

Auf Wiedersehen!	Arrivederci!
Bis bald!	A presto!
Bis später!	A più tardi!
Bis morgen!	A domani!
Gute Nacht!	Buona notte!
Tschüß!	Ciạo!
Alles Gute!	Tante belle cose!
Viel Vergnügen!	Buon divertimento!
Gute Reise!	Buon viạggio!
Laß von Dir hören.	Fatti sentire/fatti vivo/a!
Ich lasse von mir hören.	Mi farò vivo/viva.
Grüßen Sie/Grüß … von mir.	Mi saluti …/Salụtami …

Bitte und Dank
Chiedere e ringraziare

Ja, bitte.	Sì, grạzie.
Nein, danke.	No, grạzie.
Darf ich Sie um einen Gefallen bitten?	Le posso chiẹdere un favore?
Gestatten Sie?	Permette?
Können Sie mir bitte helfen?	Mi può aiutare, per favore?
Danke.	Grạzie.
Vielen Dank.	Tante grạzie.
Danke, sehr gern.	Grazie, molto volentieri.
Danke, gleichfalls!	Grạzie, altrettanto.
Das ist nett, danke.	Molto gentile, grazie.

Vielen Dank für Ihre Hilfe/Mühe.	Grạzie del Suo aiuto/della Sua premura.
Bitte sehr./Gern geschehen.	Prego!/Non c'è di che!

➧ *Aussprache siehe Seite 7*

Entschuldigung/Bedauern

Scusarsi e rammaricarsi

Entschuldigung!	Scusi!
Ich muß mich entschuldigen.	Devo scusarmi.
Das tut mir leid.	Mi dispiace tanto.
Es war nicht so gemeint.	Non intendevo questo.
Schade!	Peccato!
Es ist leider nicht möglich.	Purtroppo non è possịbile.
Vielleicht ein andermal.	Forse un'altra volta.

Glückwunsch

Auguri

Herzlichen Glückwunsch!	Auguri!
Alles Gute!	Tante belle cose!
Alles Gute zum Geburtstag/Namenstag!	Tanti auguri per il compleạnno/per l'onomạstico.
Viel Erfolg!	Buon lavoro!
Viel Glück!	Buona fortuna!
Hals und Beinbruch!	In bocca al lupo!
Gute Besserung!	Buona guarigione!
Schöne Feiertage!	Buone feste!

Verständigungsschwierigkeiten

Difficoltà di comprensione

Wie bitte?	Come dice? *(Sie)*/Come dici? *(Du)*
Ich verstehe Sie/dich nicht. Bitte, wiederholen Sie/wiederhole es.	Non La capisco. Ripeta/Ripeti, per favore.
Bitte sprechen Sie/sprich etwas langsamer/lauter.	Per favore, parli/parla più piano/forte.
Ich verstehe/habe verstanden.	Capisco/ho capito.
Sprechen Sie/Sprichst du …	Parla/Parli …
Deutsch?	tedesco?
Englisch?	inglese?
Französisch?	francese?
Ich spreche nur wenig …	Parlo solo un po' di …
Was heißt … auf italienisch?	Come si dice … in italiano?
Was bedeutet das?	Che cosa signịfica?
Wie spricht man dieses Wort aus?	Come si pronụncia questa parola?
Schreiben Sie/Schreibe es mir bitte auf!	Me lo scriva/Scrịvimelo, per favore!
Buchstabieren Sie/Buchstabiere es bitte!	Lo sịllabi/Sịllabalo, per favore!

Meinungsäußerung

Esprimere la propria opinione

Das gefällt mir (nicht).	(Non) mi piace.
Ich möchte lieber …	Preferisco …
Am liebsten wäre mir …	Più di tutto mi piacerebbe …
Das wäre nett.	Sarebbe bello.
Mit Vergnügen.	Con piacere.

Prima!	Magnịfico!
Ich habe keine Lust dazu.	Non ne ho voglia.
Ich will nicht.	Non voglio.
Das kommt nicht in Frage.	Non se ne parla neanche.
Auf gar keinen Fall.	In nessun caso.
Ich weiß noch nicht.	Non lo so ancora.
Vielleicht.	Forse.
Wahrscheinlich.	Probabilmente.

Angaben zur Person

Dati personali

Alter	**Età**
Wie alt sind Sie/bist du?	Quanti anni ha/hai?
Ich bin 39.	Ho trentanove anni.
Wann haben Sie/hast du Geburtstag?	Quando compie/compi gli anni?
Ich bin am 12. April 1954 geboren.	Sono nato/nata il dodici aprile millenovecentocinquantaquattro.

Beruf/Studium/ Ausbildung	**Professione e stụdio**
Was machen Sie/machst du beruflich?	Qual è la Sua/tua professione?
Ich bin Arbeiter/in.	Sono operạio/a.
Ich bin Angestellte/r.	Sono impiegata/o.
Ich bin Beamter/Beamtin.	Sono impiegato/a statale.
Ich bin Freiberufler.	Sono lịbero/a professionista.
Ich bin Rentner/in.	Sono pensionato/a.
Ich bin arbeitslos.	Sono disoccupato/a.

Ich arbeite bei …	Lavoro presso …
Ich gehe noch zur Schule.	Vado ancora a scuola.
Ich gehe ins Gymnasium.	Frequento il licẹo.
Ich bin Student/in.	Sono studente/essa universitạrio/a.
Wo/Was studieren Sie/ studierst du?	Dove/Che cosa studia/i?
Ich studiere … in München.	Studio … a Monaco.
Was für Hobbies haben Sie/hast du?	Quali hobbies ha/hai?

Wortliste Berufe/Studium/Ausbildung

Altenpfleger/in	assistente geriạtrico / geriạtrica
Angestellte/r	impiegata / impiegato
Anglistik	anglịstica
Apotheker/in	il/la farmacista
Arbeiter/in	operạio / operạia
Archäologie	archeologịa
Architekt/in	architetto/architetta
Architektur	architettura
Arzt / Ärztin	mẹdico, il dottore / dottoressa
Arzthelferin	assistente di stụdio mẹdico
Auszubildende/r	l'apprendista *m f*
Automechaniker	meccạnico per auto
Bäcker/in	fornạio / fornạia
Beamter / Beamtin	impiegato / impiegata statale di ruolo
Berufsschule	scuola d'avviamento (professionale)
Betriebswirt/in	diplomato / diplomata in economịa aziendale
Betriebswirtschaft	l'economịa *f* aziendale
Bibliothekar/in	bibliotecạrio / bibliotecạria
Biologe/in	biọlogo / biọloga
Biologie	biologịa
Briefträger/in	il/la portalẹttere
Buchhalter/in	il/la contạbile, il ragioniere / ragioniera
Buchhändler/in	librạio / librạia

Chemie	chịmica
Chemiker/in	chịmico/chịmica
Dachdecker/in	il/la conciatetti
Datentypist/in	il perforatore /la perforatrice
Dekorateur/in	il decoratore /la decoratrice, il/la vetrinista
Designer/in	il/la designer
Dolmetscher/in	l'intẹrprete *m f*
Dozent/in	il/la docente
Drogist/in	il profumiere /la profumiera
EDV-Fachmann/frau	tẹcnico specializzato / tecnica specializzata nell'elaborazione elettrọnica dati
Eisenbahner	il ferroviẹre
Elektriker/in	l'elettricista *m*
Erzieher/in	pedagogo / pedagoga, maestro / maestra d'asilo
Facharbeiter/in	operạio specializzato / operạia specializzata
Fahrlehrer/in	l'istruttore *m* / l'istruttrice *f* di guịda
Fischer/in	il pescatore /la pescatrice

Florist/in	il/la fiorista
Förster/in	guạrdia forestale
Fotograf/in	fotọgrafo / fotọgrafa
Friseur / Friseuse	il parrucchiere / la parrucchiera

Gärtner/in	il giardinięre / la giạrdinięra
Gastwirt/in	il gestore / la gestrice di ristorante, il albergatore / l'albergatrice
Geographie	la geografịa
Geologie	la geologịa
Germanistik	germanịstica
Geschäftsführer/in	il gestore / la gestrice
Geschichte	stǫria
Glaser	vetrạio
Handelsschule	scuǫla commerciạle
Handwerker/in	artigiạno / artigiạna
Haus|frau	casalinga
~mann	casalingo
~meister/in	il/la custode
Hebamme	ostętrica
Heilpraktiker/in	il guaritore / la guaritrice
Hochschule	l'università *f*
Informatik	informạtica
Ingenieur/in	l'ingegnere *m*
Installateur/in	idrạulico
Institut	istituto
Journalist/in	il/la giornalista
Jura	legge *f*, diritto
Juwelier	gioielliere
Kassierer/in	il cassiere / la cassiera
Kaufmann/frau	il/la commerciante
Kellner/in	il camerięre / la camerięra
Koch / Köchin	cuǫco / cuǫca
Konditor/in	il pasticcęre / la pasticcęra
Kraftfahr|er	l'autista *m*
~zeugmechaniker	meccạnico per auto
Kranken|gymnast/in	il/la fisioterapista
~pfleger	l'infermięre *m*
~schwester	l'infermięra *f*
Künstler/in	l'artista *m f*
Kunst|akademie	accadęmia delle belle arti
~geschichte	stǫria dell'arte
Laborant/in	l'assistente *m f* di laboratorio
Landwirt/in	l'agricoltore *m*
Lehrer/in	l'insegnante *m f*
Lehrling	l'apprendista *m f*
Leiter/in	il direttore / la direttrice
Makler/in	sensale *m f*, il mediatore / la mediatrice

Maler	*(Bilder)* il pittore; *(Anstreicher)* imbianchino
Mannequin	l'indossatrice *f*
Maschinenbau	ingegnerịa meccạnica
Masseur/in	il massaggiatore / la massaggiatrice
Mathematik	matemạtica
Matrose	marinạio
Maurer	il muratore
Mechaniker/in	meccạnico
Medizin	medicina
Meteorologe/in	meteorọlogo / meteorọloga
Metzger/in	macellạio / macellạia
Monteur	l'installatore *m*
Musik	mụsica
Musiker/in	il/la musicista
Notar/in	notạio
Optiker/in	ọttico
Pfarrer	pạrroco
Pförtner/in	il portiere / la portiera, il portinạio / la portinạia
Pharmazie	farmacịa
Philosophie	filosofịa
Physik	fịsica
Physiker/in	fịsico
Pilot/in	il/la pilota
Politikwissenschaft	le scienze polịtiche
Polizist/in	l'agente *m f*; *(Verkehr)* il vịgile / la vigilessa
Postbeamter/-beamtin	impiegato postale / impiegata postale
Professor/in	il professore / la professoressa
Psychologe/in	psicọlogo / psicọloga
Psychologie	psicologịa
Rechtsanwalt/-anwältin	avvocato / avvocatessa
Redakteur/in	il redattore / la redattrice
Reiseleiter/in	l'accompagnatore *m* turistico / l'accompagnatrice *f* turistica
Rentner/in	pensionato / pensionata
Restaurator/in	il restauratore / la restauratrice
Richter/in	giụdice *m f*
Romanistik	romanịstica
Sachbearbeiter/in	addetto / addetta
Schauspieler/in	l'attore *m* / l'attrice *f*
Schlosser/in	fabbro / donna fabbro
Schneider/in	sarto / sarta

Schreiner/in	il falegname / donna falegname
Schriftsteller/in	lo scrittore / la scrittrice
Schuhmacher/in	calzolạio / calzolạia
Schule	scuọla
Gesamtschule	scuola primạria e secondạria
Grundschule	scuọla elementare
Gymnasium	liceo
Hauptschule	gli ultimi anni della scuola elementare
Realschule	scuola media
Schüler/in	alliẹvo/a, scolaro/a
Sekretär/in	segretạrio / segretaria
Slawistik	slavịstica
Sozialarbeiter/in	l'assistente *m f* sociale
Soziologie	sociologịa
Steuerberater/in	il/la consulente fiscale
Steward/ess	lo steward / la stewardess
Student/in	lo studente / la studentessa
Studienfach	matẹria di stụdio
Studium	stụdio
Taxifahrer/in	il/la tassista
Techniker/in	tẹcnico / tẹcnica
Technische Hochschule	politẹcnico
Technische(r) Zeichner/in	il disegnatore *m* technico / la disegnatrice *f* tecnica
Theaterwissenschaft	le scienze teatrali
Theologie	teologịa
Therapeut/in	il/la terapẹuta
Tierarzt/ärztin	veterinạrio / veterinạria
Übersetzer/in	il traduttore / la traduttrice
Uhrmacher/in	orologiaio / orologiaia
Umweltbeauftragte/r	addetto/addetta alle questioni ambientali
Universität	l'università *f*
Verkäufer/in	il venditore / la venditrice, commesso / commessa
Vertreter/in	il/la rappresentante, l'agente *m f*
Vorlesungen	le lezioni
Werkzeugmacher/in	l'utensilista *m f*
Wirtschafts|prüfer/in	il revisore dei conti
~wissenschaftler/in	l'economista *m f*
Wissenschaftler/in	scienziato / scienziata
Zahnarzt/-ärztin	il/la dentista
Zahntechniker/in	odontotẹcnico / odontotẹcnica
Zimmermann	carpentiere

3 Unterwegs
Per la strada

Ortsangaben

Indicazione del luogo

links	a sinistra
rechts	a destra
geradeaus	diritto
vor	prima di
hinter	dietro
nach	dopo
neben	vicino a
gegenüber	di fronte a
hier	qui
dort	là
nah	vicino
weit	lontano
Straße	strada, via
Kreuzung	incrọcio
Kurve	curva

Hinweise und Informationen

Attenzione	Achtung/Vorsicht
Bambini	Schulkinder
Cambio corsia	Fahrbahn wechseln
Circonvallazione	Umgehungsstraße
Confluenza	Straßeneinmündung
Curva pericolosa	Gefährliche Kurve
Dare la precedenza	Vorfahrt beachten
Deviazione	Umleitung
Discesa pericolosa	Starkes Gefälle
Disco orario	Parkscheibe
Divieto di inversione	Wenden verboten
Divieto di sorpasso	Überholen verboten

Divieto di sosta	Halten/Parken verboten
Divieto di svolta a destra	Rechtsabbiegen verboten
Dogana	Zoll
Doppio senso di circolazione	Achtung Gegenverkehr
Galleria	Tunnel
Incrocio	Kreuzung
Ingorgo	Verkehrsstau
Lavori in corso	Straßenarbeiten
Limitazione al peso	Gewichtsgrenze
Limite di velocità	Geschwindigkeitsbegrenzung
Mettersi in fila	Bitte einordnen
Ospedale	Krankenhaus
Parcheggio	Parkplatz
Passaggio a livello incustodito	Unbeschrankter Bahnübergang
Passaggio pedonale	Zebrastreifen
Pericolo	Gefahr
Pista ciclabile	Radweg
Ponte	Brücke
Principiante	Anfänger
Rallentare	langsamer fahren
Rotatoria	Kreisverkehr
Scontro, collisione	Zusammenstoß
Scuola	Schule
Semaforo	Verkehrsampel
Senso unico	Einbahnstraße
Sottopassaggio pedonale	Fußgängerunterführung
Strada sdrucciolevole	Rutschgefahr
Strettoia	Fahrbahnverengung
Tamponamento	Auffahrunfall
Tenere la destra	rechts fahren
Tenere libero l'accesso	Ausfahrt freihalten
Uscita	Ausfahrt
Vicolo cieco	Sackgasse
Vietato al traffico	Gesperrt für alle Fahrzeuge
Vietato l'accesso	Keine Einfahrt
Zona a disco orario	Kurzparkzone (Parkscheibe)
Zona pedonale	Fußgängerzone

Auto/Motorrad/Fahrrad

Auto/Motore/Bicicletta

Auskunft	Informazioni
Entschuldigung, wie komme ich bitte nach …?	Scusi, per andare a …?
Können Sie mir die Strecke/das auf der Karte zeigen?	Mi può mostrare il percorso sulla cartina? / Me lo può mostrare sulla cartina?
Wie weit ist das?	Quanti chilọmetri sono?
Bitte, ist das die Straße nach …?	Scusi, è questa la strada per …?
Wie komme ich zur Autobahn nach …?	Scusi, l'autostrada per …?
● Immer geradeaus bis … Dann … bei der Ampel an der nächsten Ecke links/rechts abbiegen.	Sempre diritto fino a … Poi … al semạforo al prọssimo angolo svolti a sinistra/destra.
● Folgen Sie den Schildern.	Segua le indicazioni.
Gibt es auch eine wenig befahrene Straße nach ...?	C'è anche una strada con meno traffico per …?
● Sie sind hier falsch. Sie müssen zurückfahren bis …	Ha sbagliato strada. Deve tornare indietro fino a …

An der Tankstelle	Alla stazione di servịzio
Wo ist bitte die nächste Tankstelle?	Dov'è la prọssima stazione di servịzio, per favore?
Ich möchte … Liter … Normalbenzin. Super. Diesel. Gemisch. bleifrei/verbleit/mit … Oktan.	Vorrei … litri di … benzina normale. super. gasọlio. miscela. senza piombo(verde)/con piombo/a … ottani.

Volltanken, bitte.	Il pieno, per favore.
Prüfen Sie bitte … den Ölstand. den Reifendruck.	Per favore, controlli … il livello dell'olio. la pressione delle gomme.
Sehen Sie bitte auch das Kühlwasser nach.	Controlli anche l'acqua del radiatore, per favore.
Könnten Sie mir einen Ölwechsel machen?	Cambi l'olio, per favore.
Ich möchte den Wagen waschen lassen.	Vorrei far lavare la macchina.
Ich möchte eine Straßenkarte dieser Gegend, bitte.	Desịdero una carta stradale di questa zona.
Wo sind bitte die Toiletten?	Scusi, dov'è la toilette?

Parken — Il parcheggio

Gibt es hier in der Nähe eine Parkmöglichkeit?	Scusi c'è un parcheggio qui vicino?
Kann ich den Wagen hier abstellen?	Posso lasciare la mạcchina qui?
Könnten Sie mir … Lire für die Parkuhr wechseln?	Mi può cambiare … Lire per il parchịmetro, per favore?
Ist der Parkplatz bewacht?	Il parchẹggio è custodito?
• Wir sind leider voll besetzt.	Purtroppo siamo al completo.
Wie lange kann ich hier parken?	Per quanto tempo posso parcheggiare qui?
Wie hoch ist die Parkgebühr pro … Stunde? Tag? Nacht?	Qual è la tariffa per … un'ora? un giorno? una notte?
Ist das Parkhaus die ganze Nacht geöffnet?	Il parchẹggio è aperto tutta la notte?

Eine Panne — Un guasto

Eine Panne	Un guasto
Ich habe eine Panne/ einen Platten.	Ho un guasto/una gomma a terra.
Würden Sie bitte den Pannendienst anrufen?	Potrebbe telefonare al soccorso stradale?
Meine Auto-/Motorrad-nummer ist …	La mia mạcchina è targata …/la mia motore è targata …
Würden Sie mir bitte einen Mechaniker/einen Abschleppwagen schik-ken?	Mi potrebbe mandare un meccạnico/ un carro-attrezzi?
Könnten Sie mir mit Benzin aushelfen?	Mi potrebbe dare un po' di benzina, per favore?
Könnten Sie mir beim Reifenwechsel helfen?	Mi potrebbe aiutare a cambiare la ruota?
Würden Sie mich bis zur nächsten Werkstatt/ Tankstelle abschleppen/ mitnehmen?	Mi potrebbe rimorchiare/dare un passaggio fino alla prossima officina/ stazione di servịzio?

➧ *Aussprache siehe Seite 7*

In der Werkstatt — All' officina

In der Werkstatt	All' officina
Wo ist hier in der Nähe eine Werkstatt?	Scusi signore/signora/signorina, c'è un'officina qui vicino?
Mein Wagen springt nicht an.	La mạcchina non parte.
Ich weiß nicht, woran es liegt.	Non so da che cosa dipenda.
Können Sie mit mir kom-men/mich abschleppen?	Mi potrebbe accompagnare/ rimorchiare, per favore?

Mit dem Motor stimmt was nicht.	Il motore non va bene.
Die Bremsen funktionieren nicht.	I freni non sono a posto.
... ist/sind defekt.	... è/sono difettoso/difettosi.
Der Wagen verliert Öl.	La macchina perde olio.
Können Sie mal nachsehen?	Ci potrebbe dare un'occhiata, per favore?
Wechseln Sie bitte die Zündkerzen aus.	Cambi le candele, per favore.
Haben Sie (Original-) Ersatzteile für diesen Wagen?	Ha pezzi di ricạmbio (originali) per questa mạcchina?
Machen Sie bitte nur die nötigsten Reparaturen.	Faccia soltanto le riparazioni indispensạbili, per favore.
Wann ist der Wagen/das Motorrad fertig?	Quando sarà pronta la mạcchina?/ Quando sarà pronta la motocicletta?
Was wird es kosten?	Quanto costerà?

Verkehrsunfall — Un incidente stradale

Es ist ein Unfall passiert.	C'è stato un incidente.
Rufen Sie bitte schnell ... einen Krankenwagen. die Polizei. die Feuerwehr.	Chiami sụbito ... un'autoambulanza. la polizia. i vịgili del fuoco.
Können Sie sich um die Verletzten kümmern?	Può occuparsi dei feriti?
Haben Sie Verbandszeug?	Ha materiale di pronto soccorso?
Es war meine/Ihre Schuld.	È stata colpa mia/Sua.

Sie haben …	Lei …
die Vorfahrt nicht beachtet.	non ha rispettato la precedenza.
die Kurve geschnitten.	ha tagliato la curva.
die Fahrspur gewechselt, ohne zu blinken.	ha cambiato corsịa senza mẹttere la frẹccia.
Sie sind …	
zu schnell gefahren.	Lei andava troppo forte.
zu dicht aufgefahren.	Lei non ha mantenuto la distanza di sicurezza.
bei Rot über die Kreuzung gefahren.	Lei è passato col rosso.
Ich bin … km/h gefahren.	Sono andato ai … km/h.
Sollen wir die Polizei holen, oder können wir uns so einigen?	Dobbiamo chiamare la polizia, o ci vogliamo mettere d'accordo fra noi?
Ich möchte den Schaden durch meine Versicherung regeln lassen.	Vorrei far regolare il danno dalla mia assicurazione.
Ich gebe Ihnen meine Anschrift und Versicherungsnummer.	Le do il mio indirizzo e il nụmero della mia assicurazione.
Geben Sie mir bitte Ihren Namen und Ihre Anschrift/Namen und Anschrift Ihrer Versicherung.	Mi dịa il Suo nome e indirizzo/nome e indirizzo della Sua Assicurazione.
Können Sie für mich Zeuge sein?	Mi potrebbe fare da testimone?
Vielen Dank für Ihre Hilfe.	Grazie dell'aiụto.

Verkehrszeichen

Parkverbot
rechts an Tagen
mit ungerader Datumszahl,
links mit gerader Datumszahl

Parkverbot
rechts an Tagen
mit gerader Datumszahl,
links mit ungerader Datumszahl

Bergpoststraße
(Haltepflicht, wenn ein Bus entgegenkommt)

Straßeneinmündung

rechts abbiegen verboten

Wenden verboten

Kreisverkehr

diese Schilder weisen auf die nächste Polizeistelle hin und geben jeweils Ort und Telefonnummer an.

Verkehr mit Schneeketten oder Winterreifen ab km

Auto-, Motorrad-, Fahrradvermietung	**Autonoleggio, Noleggio di motocicli**
Ich möchte für … Tage/ eine Woche … mieten.	Vorrei noleggiare per … giorni/una settimana …
einen Geländewagen	un fuoristrada.
einen Wagen	una mạcchina.
ein Motorrad/Moped/ Mofa/einen Motorroller	un motore/ciclomotore/ motorino/una motoretta.
ein Fahrrad/Tandem	una bicicletta/un tandem.
Wie hoch ist die Tages-/ Wochenpauschale?	Qual è la tariffa al giorno/alla settimana?
Wieviel verlangen Sie pro gefahrenen km?	Quanto si paga per ogni chilọmetro percorso?
Wieviel muß ich als Kaution hinterlegen?	Quanto si deve lasciare di cauzione?
Ich nehme das …	Prendo la …
• Möchten Sie eine Zusatzversicherung?	Desidera un'assicurazione supplementare?
Ist das Fahrzeug vollkaskoversichert?	Il veicolo è assicurato contro tutti i rischi?
• Darf ich Ihren Führerschein sehen?	Favorisca la patente.
Kann ich den Wagen gleich mitnehmen?	Posso prẹndere la mạcchina sụbito?
Ist es möglich, das Fahrzeug in … abzugeben?	È possịbile riconsegnare la mạchina a …?

LEGENDE

Autobahnstrecken in Betrieb

Autobahnstrecken in Bau

Autobahnstrecken in Entwurfsphase

Wortliste Auto/Motorrad/Fahrrad

abbiegen	svoltare
abblenden	abbassare le luci
Abblendlicht	le luci anabbaglianti
Abschleppdienst	autosoccorso
abschleppen	rimorchiare, trainare
Abschlepp|seil	cavo da rimorchio
~wagen	carro attrezzi
Achse	l'asse *m*
Hinter~	l'asse *m* posteriore
Vorder~	l'asse *m* anteriore
Alarmanlage	il sistema d'allarme
Allradantrieb	la trasmissione su tutte le ruote motrici
Ampel	seṃaforo
Anhänger	rimọrchio
Anlasser	motorino d'avviamento
auskuppeln	disinnestare la frizione
Auspuff	scappamento, tubo di scạrico
Autobahn	autostrada
~gebühren	pedạggio autostradale
Automatik(getriebe)	cạmbio automạtico
Autoreifen	pneumạtico
Baustelle	il cantiere edịle
Benzin	benzina
~gutschein	buono di benzina
~kanister	lattina, tạnica
~pumpe	pompa della benzina
blenden	abbagliare
Blinker	frẹccia, l'indicatore *m* di direzione
Bremsbelag	la guarnizione dei freni
Bremse	freno
bremsen	frenare
Brems|flüssigkeit	olio per freni
~hebel	leva del freno
~lichter	le luci di arresto
Bußgeld	ammenda
Defekt	difetto
Dichtung	la guarnizione
Düse	ugello
Einspritzpumpe	pompa d'iniezione
Ersatz|rad	ruọta di scorta
~teile	i pezzi di ricạmbio

Fahrrad	bicicletta
Drei-/Zehngangrad	bicicletta a tre/dieci marce
Rennrad	bicicletta da corsa
Fahrradweg	pista ciclạbile
Fahrspur	corsịa
Fehlzündung	l'accensione *f* a vuoto
Felge	il cerchione
Fernlicht	i fari abbaglianti
Flickzeug	gli accessori per la riparazione di forature
Frostschutzmittel	antigelo
Führerschein	la patente
Fußbremse	freno a pedale
Gang	mạrcia
erster ~	la prima
Leerlauf	la folle
Rückwärts~	mạrcia indiẹtro
Gangschaltung	cạmbio
Gas geben	accelerare
Gaspedal	l'acceleratore *m*
Gebläse	il ventilatore
gebrochen	rotto
Gepäckträger	il portabagagli
Getriebe	cạmbio
Handbremse	freno a mano
Hebel	leva
Heizung	riscaldamento
Hinterrad	ruọta posteriore
~antrieb	la trazione posteriore
Hupe	il clacson
Licht~	lampẹggio fari
Kabel	cavo
Karosserie	carrozzerịa
Keilriemen	cịnghia
Kette	catena
Klingel	campanello
klopfen *(Motor)*	battere in testa
Kofferraum	bagaglịaio
Kolben	il pistone
Kotflügel	parafango
Kugellager	cuscinetto
Kühler	il radiatore
Kühlwasser	acqua di raffreddamento
Kupplung	la frizione

Kupplungshebel	il pedale della frizione
Kurzschluß	corto circụito
Landstraße	strada maestra
Lastwagen	il cạmion
Lenker *(Zweirad)*	manụbrio
Lenkrad	il volante
Lichtmaschine	la dịnamo
Luft|filter	filtro dell'aria
~pumpe	pompa d'ạria
Mantel *(Reifen)*	il copertone
Mofa	il ciclomotore
Moped	motorino
Motor	il motore
~haube	cọfano
~rad	motocicletta
~roller	il motoscooter, motoretta
Mountain bike	la mountain bike
Nabe	mozzo
Nierengurt	fascia coprireni
Notrufsäule	telẹfono d'emergenza
Nummernschild	targa
Oktanzahl	nụmero di ottani
Öl	ọlio
~meßstab	asta controllo livello ọlio
~wechsel	cạmbio dell'ọlio
Packtasche	borsa da sella
Panne	guasto
Pannendienst	soccorso stradale
Papiere	i documenti
Park|haus	parchẹggio a più piani, autosilo
~platz	parchẹggio
~scheibe	disco orạrio
~uhr	parchịmetro
Pedal	il pedale
Plattfuß	gomma a terra
Promille	per mille
PS	CV (cavalli vapore)
Rad	ruọta
Radarkontrolle	controllo radar
Radkreuz	la chiave a crociera
Raststätte	la stazione di servizio, posto di ristoro
Reflektor	il riflettore
Regenkombi	tuta impermẹabile
Reifen	pneumạtico

Rück|licht	fanalino posteriore
~spiegel	specchiẹtto retrovisore
~tritt *(Fahrrad)*	il contropedale
~trittbremse	freno a contropedale
Sattel	sella
Schalthebel	leva del cạmbio
Scheibenwischer	tergicristallo
Scheinwerfer	faro
Schiebedach	tetto aprịbile
Schlauch *(Reifen)*	camera d'aria
schmieren	lubrificare
Schmirgelpapier	carta smerigliata
Schnellstraße	superstrada
Schraube	la vite
Schrauben|mutter	la madrevite
~schlüssel	la chiạve per dadi
~zieher	il cacciavite
Schutzblech	lamiera di protezione
Sicherheitsgurt	cintura di sicurezza
Sicherung	sicurezza
Speiche	rạggio
Ständer	cavalletto
Standlicht	le luci di posizione
Starthilfekabel	cavo ausiliario di collegamento per la messa in moto
Stau	ingorgo
Steckschlüssel	la chiave fissa a tubo
Stoß|dämpfer	l'ammortizzatore *m*
~stange	il parạurti
Straßen|benutzungsgebühr	pedạggio
~karte	carta stradale
Sturzhelm	casco
Tachometer	tachịmetro
Tank	serbatọio
~stelle	il distributore di benzina
Teilkasko	l'assicurazione *f* parziale per tutti i rischi
trampen	viaggiare in autostop
Tramper	l'autostoppista *m f*
Tretlager *(Fahrrad)*	pedaliera
Umleitung	la deviazione
Ventil	vạlvola
Vergaser	il carburatore

Versicherungskarte, grüne	carta verde
Verteiler	spinterọgeno
vierspurig	a quattro corsie
Vollkasko	l'assicurazione *f* di totale copertura
Vorder|licht	il fanale anteriore
~rad	ruọta anteriore
~radantrieb	la trazione anteriore
Wagen|heber	il cric
~wäsche	autolavạggio
Warn|blinker	il lampeggiatore d'emergenza
~dreieck	trịangolo
Wegweiser	il segnavia
Werk|statt	officina
~zeug	l'utensile *m*, attrezzo
Windschutzscheibe	il parabrezza
Winterreifen	gli pneumạtici da neve
Zünd|kerze	candela
~schloß	l'interrutore *m* dell'accensione
~schlüssel	chiavetta di accensione
Zündung	l'accensione *f*
Zylinder	cilindro
~kopf	testata del cilindro

Flugzeug

L'aereo

Alitalia

Im Reisebüro/ Am Flughafen — All'agenzịa viaggi/ All'aeroporto

Wo ist der Schalter der ...-Fluggesellschaft?	Dov'è lo sportello della compagnia aerea ...?
Wann fliegt die nächste Maschine nach ...?	Quando c'è un aereo per ...?

Ich möchte einen einfachen Flug/Hin- und Rückflug nach … buchen.	Vorrei prenotare un volo di sola andata/di andata e ritorno per …
Sind noch Plätze frei?	Ci sono ancora posti lịberi?
Gibt es auch Charterflüge?	Ci sono anche dei voli Charter?
Was kostet der Flug Touristenklasse/1. Klasse?	Quanto costo un volo per la classe turịstica/per la prima classe?
Wieviel Gepäck ist frei?	Quanto bagaglio si può portare?
Was kostet das Kilo Übergepäck?	Quanto si paga per ogni chilo di sovrappeso?
Ich möchte diesen Flug stornieren/umbuchen.	Vorrei annullare questo volo/prẹndere un altro volo.

➧ *Aussprache siehe Seite 7*

Wann muß ich am Flughafen sein?	A che ora devo essere all'aeroporto?
Wo ist der Informationsschalter/Warteraum?	Dov'è lo sportello informazioni/la sala d'aspetto?
Kann ich das als Handgepäck mitnehmen?	Posso portare appresso il bagạglio a mano?
Hat die Maschine nach … Verspätung?	L'aereo per … è in ritardo?
Wieviel Verspätung hat sie?	Quanto ritardo ha?
Ist die Maschine aus … schon gelandet?	È già atterrato l'aẹreo da …?
● Letzter Aufruf. Die Passagiere nach …, Flug-Nr. …, werden gebeten, sich zum Ausgang … zu begeben.	Ultimo avviso: I signori passeggeri per …, volo nụmero …, sono pregati di recarsi all'uscita …

An Bord | A bordo

• Bitte das Rauchen einstellen! Anschnallen, bitte!	Si prega di allacciare le cinture di sicurezza e di non fumare.
Was ist das für ein Fluß/See?	Che fiume/lago è?
Was ist das für ein Gebirge?	Che montagne sono?
Wo sind wir jetzt?	Dove siamo adesso?
Wann landen wir in …?	Quando atterriamo a …?
• Wir landen in etwa … Minuten.	Atterriamo fra circa … minuti.
Wie ist das Wetter in …?	Che tempo fa a …?

Ankunft | Arrivo

▶ auch Kap. 9 – Fundbüro

Ich finde mein Gepäck/meinen Koffer nicht.	Non trovo il mio bagaglio/la mia valịgia.
Mein Gepäck ist verlorengegangen.	Il mio bagạlio è stato smarrito.
Mein Koffer ist beschädigt worden.	La mia valịgia è stata danneggiata.
An wen kann ich mich wenden?	A chi posso rivọgermi?
Von wo fährt der Bus zum Air Terminal ab?	Da dove parte l'aụtobus per l'Air Terminal?

Wortliste Flugzeug

▶ auch Wortliste Eisenbahn

Abflug	decollo
Air Terminal	l'Air Terminal *m*
Anflug	arrivo, atterrạggio
Anhänger *(am Koffer)*	cartellino
Ankunft	arrivo

Ankunftszeit	orario d'arrivo
Anschluß	coincidenza
anschnallen, sich	allacciare le cinture
Anschnallgurt	cintura di sicurezza
Auslandsflug	volo internazionale
Besatzung	equipạggio
an Bord	a bordo
Bordkarte	carta d'imbarco
buchen	prenotare
Buchung	la prenotazione
Business class	la business class, la classe d'affari
Chartermaschine	volo charter
Check-in	il check-in, la presentazione all'arrivo
Direktflug	volo diretto
Düsenmaschine	il jet
Economy class	la classe econọmica, la classe turịstica
Fenstersitz	posto al finestrino
Flug	volo
~gast	passeggero
~gesellschaft	compagnịa aẹrea
~hafen	aeroporto
~hafenbus	collegamento pullman con l'aeroporto
~hafengebühr	i diritti aeroportuali
~plan	orạrio (di volo)
~schein	biglietto aereo
~steig	sala d'attesa passeggeri
~strecke	tratto (di volo)
~zeug	ạereo
Gang	mạrcia
Gepäck	bagạglio
~abfertigung	la spedizione bagagli
~ausgabe	consegna del bagạglio
Handgepäck	bagạglio a mano
Heck	coda
Hubschrauber	elicọttero
Inlandsflug	volo nazionale
Kapitän	capitano
Kofferkuli	carrello portabagagli
landen	atterrare
Landung	atterraggio
Last-minute-Flug	volo stand by
Linienmaschine	aẹreo di lịnea
Luftsicherheitsgebühr	tassa per controlli di sicurezza
Nichtraucher	non fumatore

Not|ausgang	uscita d'emergenza
~landung	atterrạggio di fortuna
~rutsche	scịvolo d'emergenza
Passagier	passeggero
Pilot	il pilota
planmäßiger Abflug	volo regolare
Raucher	fumatore
Reiseziel	meta del viạggio
Rollfeld	pista
Schalter	sportello
Schwimmweste	giubbetto di salvatạggio
Sicherheitskontrolle	controllo di sicurezza
Steward/eß	il steward, l'assistente *m f* di bordo/ l'hostess *f*
stornieren	annullare
umbuchen	cambiare il biglietto
Verspätung	ritardo
Vorfeldbus	il bus intercampo
zollfreier Laden	spạccio porto-franco
Zwischenlandung	scalo

Eisenbahn

La ferrovia

Im Reisebüro/ Auf dem Bahnhof	**All'agenzia viaggi/ Alla stazione**
Eine einfache Fahrt 2. Klasse/1. Klasse nach ..., bitte.	Un biglietto di andata, seconda/prima classe per ...
Zweimal ... hin und zurück, bitte.	Due biglietti per ..., andata e ritorno, per favore.
Gibt es eine Ermäßigung für Kinder/kinderreiche Familien/Studenten?	C'è una riduzione per bambini/per famiglie numerose/per studenti?
Bitte eine Platzkarte für den Zug um ... Uhr nach ...	Vorrei prenotare un posto per il treno delle ... per ..., per favore.
● Einen Fensterplatz?	Un posto vicino al finestrino?

Ich möchte einen Liegewagenplatz/Schlafwagenplatz für den Zug um 20 Uhr nach …	Vorrei prenotare una cuccetta/ un posto in vagone letto per il treno delle 20 per …
Gibt es einen Autoreisezug nach …?	C'è un treno-traghetto per …?
Was kostet das für ein Auto mit vier Personen?	Quanto si paga per una mạcchina con quattro persone?
Ich möchte diesen Koffer als Reisegepäck aufgeben.	Vorrei spedire questa valigia come bagaglio appresso.
Wo kann ich mein Fahrrad aufgeben?	Dove posso consegnare la mia bicicletta per la spedizione?
• Wollen Sie Ihr Gepäck versichern?	Vuole far assicurare il Suo bagaglio?
Geht das Gepäck mit dem …-Uhr Zug ab?	Il bagaglio parte col treno delle …?

Hinweise und Informationen

Ai binari	Zu den Bahnsteigen
Arrivi	Ankunft
Capo stazione	Stationsvorsteher
Deposito bagagli	Gepäckaufbewahrung
Deposito a cassette	Schließfächer
Gabinetti	Toiletten
Informazioni	Auskunft
Orario	Fahrplan
Partenze	Abfahrt
Posto di pronto soccorso	Sanitätsstelle
Rinfreschi	Erfrischungen
Sala d'aspetto	Wartesaal
Signore	Damen
Signori	Herren
Sottopassaggio	Unterführung
Sportello biglietti	Fahrkartenschalter
Uscita	Ausgang

Wann kommt es in … an?	Quando arriva a …?
Hat der Zug aus … Verspätung?	È in ritardo il treno proveniente da …?
Habe ich in … Anschluß nach …/an die Fähre?	A … c'è la coincidenza per … / con il traghetto?
(Wo) Muß ich umsteigen?	(Dove)Devo cambiare?
Von welchem Gleis fährt der Zug nach … ab?	Da quale binạrio parte il treno per …?
• Der Zug Nr. … aus … nach … fährt auf Gleis 1 ein.	Il treno nr … proveniente da … è in arrivo sul primo binario.
• Der Zug Nr. … aus … hat 10 Minuten Verspätung.	Il treno nr … proveniente da … arriverà con 10 minuti di ritardo.
• Achtung, Reisende bitte einsteigen und die Türen schließen.	Attenzione! I Signori viaggiatori sono pregati di salire e di chiụdere gli sportelli.

Im Zug — In treno

Verzeihung, ist dieser Platz noch frei?	Scusi, è lịbero questo posto?
Können Sie mir bitte helfen?	Mi può aiutare, per favore?
Darf ich das Fenster öffnen/schließen?	Posso aprire/chiụdere il finestrino, per favore?
Entschuldigen Sie, bitte. Dies ist ein Nichtraucherabteil.	Scusi, ma questo è uno scompartimento „non-fumatori".
Entschuldigen Sie, das ist mein Platz. Ich habe eine Platzkarte.	Scusi, ma questo è il mio posto! È prenotato.
• Die Fahrkarten, bitte.	I biglietti, prego.
• Ist noch jemand zugestiegen?	È salito qualcun altro?

Hält dieser Zug in ...?	Questo treno si ferma a ...?
Wo sind wir jetzt?	Dove siamo adesso?
Wie lange haben wir hier Aufenthalt?	Quanto tempo sta fermo qui il treno?
Kommen wir pünktlich an?	Si arriva in orario?

Hinweise

Acqua non potabile	Kein Trinkwasser
Cuccetta	Liegewagen
Freno d'emergenza	Notbremse
Fumatori	Raucher
Non Fumatori	Nichtraucher
Libero	Frei
Occupato	Besetzt
Ritirata	Toilette
Vagone-letto	Schlafwagen
Vagone-ristorante	Speisewagen

Wortliste Eisenbahn

► auch Wortliste Flugzeug

Abfahrt	partenza
Abfahrtszeit	orario di partenza
Abteil	scompartimento
ankommen	arrivare
Aufenthalt	fermata
aussteigen	scendere
Autoreisezug	treno traghetto
Bahn|hof	la stazione
~hofsrestaurant	il ristorante della stazione
besetzt	occupato
D-Zug	direttịssimo
EC (Eurocity)	EC (Euro City)
Eilzug	diretto
einsteigen	salire
Eisenbahn	ferrovịa
~fähre	la nave traghetto

Ermäßigung	la riduzione
Fahr|karte	biglietto
~kartenkontrolle	controllo dei biglietti
~kartenschalter	biglietteria
~plan	orạrio
~preis	prezzo del biglietto
Fensterplatz	posto vicino al finestrino
frei	libero
Gang	corridoio
Gepäck	bagạglio
~ablage	depọsito bagagli
~aufbewahrung	depọsito bagagli
~schalter	sportello accettazione bagagli
~schein	lo scontrino bagagli
~schließfach	depọsito (bagagli) a cassette
~träger	il portabagagli, il facchino
~wagen	carrello porta-bagagli
Gleis	binario
Großraumwagen	il vagone senza suddivisione in scompartimenti
Hauptbahnhof	la stazione centrale
Hochgeschwindigkeitszug	treno ad alta velocità
IC (Intercity)	IC (Inter City)
ICE (Intercity Expreß)	ICE (Inter City Express)
Interrail	interrail
Kinderfahrkarte	biglietto per ragazzi
Kurswagen	vettura diretta
Liegewagenkarte	biglietto per la cuccetta
Lokomotive	locomotiva
nachlösen	pagare il supplemento
Nichtraucherabteil	scompartimento per non fumatori
Notbremse	freno d'emergenza
Platzkarte	biglietto di prenotazione posto
Raucherabteil	scompartimento per fumatori
Reisebegleiter *(Broschüre)*	guida turịstica
Reservierung	la prenotazione
Rückfahrkarte	bigliẹtto di andata e ritorno
Rundreisefahrschein	bigliẹtto circolare
Sammelfahrschein	bigliẹtto collettivo
Schlafwagenkarte	bigliẹtto per il vagone letto
Schnellzug	direttịssimo
Speisewagen	il vagone ristorante
Toilette	gabinetto

Wagennummer	numero del vagone
Wartesaal	sala d'aspetto
Waschraum	stanzino con lavabo
Zug	treno
~begleitpersonal	il personale di scorta al treno
Zuschlag	supplemento
zuschlagpflichtig	con supplemento obbligatọrio

➧ *Aussprache siehe Seite 7*

Schiff

La nave

Auskunft — Informazioni

Welche ist die beste Schiffsverbindung nach ...?	Scusi, qual è il miglior collegamento via mare per ...?
Wo/Wann fährt das nächste Schiff/die nächste Fähre nach ... ab?	Da dove/Quando parte la prossima nave/il prossimo traghetto per ...?
Wie lange dauert die Überfahrt?	Quanto dura la traversata?
Welche Häfen werden angelaufen?	Quali porti si tọccano?
Wann legen wir in ... an?	Quando si fa scalo a ...?
Wie lange haben wir Aufenthalt in .. ?	Quanto ci fermiamo a ...?
Ich möchte eine Schiffskarte nach ...	Vorrei un biglietto per ...
1. Klasse	di prima classe
Touristenklasse	di classe turịstica
eine Einzelkabine	una cabina sịngola
eine Zweibettkabine	una cabina dọppia
Ich möchte eine Karte für die Rundfahrt um ... Uhr.	Vorrei un biglietto per il giro delle ...

Camogli, Ligurien

An Bord	**A bordo**
Bitte, ich suche Kabine Nr. …	Scusi, cerco la cabina nụmero …
Kann ich eine andere Kabine haben?	Potrei avere un'altra cabina?
Wo ist mein Koffer/mein Gepäck?	Dov'è la mia valịgia/il mio bagạglio?
Wo ist der Speisesaal/der Aufenthaltsraum?	Dov'è la sala da pranzo/il salone?
Wann wird gegessen?	A che ora si mangia?
Steward, bringen Sie mir bitte …	Cameriere mi porti … per favore.
Ich fühle mich nicht wohl.	Non mi sento bene.
Rufen Sie bitte den Schiffsarzt!	Mi chiami il mẹdico, per favore.
Geben Sie mir bitte ein Mittel gegen Seekrankheit.	Mi dia qualcosa contro il mal di mare, per favore.

Wortliste Schiff

▶ auch Wortlisten Flugzeug, Eisenbahn

Anker	ạncora
anlaufen	toccare, fare scalo
anlegen in	far scalo a
Anlegeplatz	approdo
auslaufen	uscire dal porto, salpare
ausschiffen	sbarcare
Backbord	babordo
Bettkarte	biglietto per il vagone letto
an Bord	a bordo
Buchung	la prenotazione
Bug	prua
Dampfer	pirọscafo, nave a vapore
Deck	coperta
einschiffen	imbarcare
Fähre	traghetto
Auto~	autotraghetto
Eisenbahn~	la nave traghetto
Fahrkarte	biglietto
Festland	terraferma
Gondel	gondola
Hafen	porto
~gebühr	i diritti portuali
Heck	poppa
Jacht	pạnfilo
Kabine	cabina
Außen~	cabina esterna
Innen~	cabina interna
Kai	banchina
Kajüte	cabina
Kapitän	capitano
Knoten	nodo
Kreuzfahrt	crociẹra
Kurs	rotta
Küste	costa
Landausflug	l'escursione *f* a terra
Landesteg	il pontile d'approdo
Leuchtturm	faro
Luftkissenboot	l'hovercraft *m*
Mannschaft	equipạggio
Matrose	marinạio
Motorboot	motoscafo
Passagier	passeggero

Promenadendeck	il ponte di passeggio
Rettungs|boot	scialuppa di salvataggio
~ring	il salvagente
Ruder	remo
~boot	barca a remi
Rundfahrt	giro
Schwimmweste	giubbetto di salvataggio
Seegang	moto ondoso
seekrank sein	avere il mal di mare
Segelboot	barca a vela
Sonnendeck	il ponte del sole
Steuerbord	tribordo
Steward	il cameriere
Tragflächenboot	aliscafo
Überfahrt	traversata
Welle	il surf, onda
Zwischendeck	l'interponte *m*

An der Grenze

Al confine

Paßkontrolle — Controllo passaporti

• Ihren Paß, bitte!	Il Suo passaporto, per favore!
• Ihr Paß ist abgelaufen.	Il Suo passaporto è scaduto.
Ich gehöre zu der Reisegesellschaft aus …	Appartengo alla comitiva proveniente da …
• Könnte ich bitte … für Ihren Hund/Ihre Katze sehen?	Mi può mostrare per favore … per il Suo cane/per il Suo gatto?
das amtstierärztliche Gesundheitszeugnis	il certificato veterinario
die Tollwutimpfbescheinigung	il certificato di vaccinazione contro l'idrofobia
• Haben Sie ein Visum?	Ha il visto?
Kann ich das Visum hier bekommen?	Mi potete rilasciare qui il visto?

Zollkontrolle — Dogana

● Haben Sie etwas zu verzollen?	Ha niente da dichiarare?
Nein, ich habe nur ein paar Geschenke.	No, ho soltanto alcuni regali.
● Fahren Sie bitte rechts/links heran.	Si metta lì a destra/a sinistra.
● Öffnen Sie bitte den Kofferraum/diesen Koffer.	Apra, per favore, il bagagliaio/questa valigia.
Muß ich das verzollen?	Devo sdoganare questo?
Wieviel Zoll muß ich bezahlen?	Quanto devo pagare di dazio doganale?

Wortliste Grenze

Ausfuhr	l'esportazione *f*, l'esecuzione *f*
ausreisen	partire (per l'estero)
Bestimmungen	le disposiziọni
Einfuhr	l'importazione *f*
Einreise	entrata (in territorio straniero)
Familien|name	il cognome
~stand	stato di famịglia
ledig	*(Mann)* cẹlibe; *(Frau)* nụbile
verheiratet	sposato
verwitwet	*(Mann)* vẹdovo; *(Frau)* vẹdova
Führerschein	la patente
Geburts|datum	data di nạscita
~name	il nome da ragazza
~ort	luogo di nạscita
Grenzübergang	frontiẹra, il confine
grüne Versicherungskarte	carta verde
gültig	vạlido
internationaler Impfpaß	certificato internazionale di vaccinazione
Kinderausweis	carta d'identità per bambini
Nationalitätskennzeichen	targa di nazionalità
Paßkontrolle	controllo dei passaporti
Personalausweis	carta d'identità
Reisepaß	passaporto

Sichtvermerk	visto
Staatsangehörigkeit	nazionalità
Tollwut	idrofobia
Visum	visto
Vorname	il nome
Wohnort	domic̣ilio
Zoll	dogana
~amt	ufficio doganale
~beamter	impiegato doganale
~frei	esente da dạzio doganale
~gebühren	le tariffe doganali
~kontrolle	ispezione *(f)* doganale
~pflichtig	soggetto a dạzio doganale

Nahverkehrsmittel

Rete per traffico a breve distanza

Welcher Bus/Welche Straßenbahn/Welche U-Bahnlinie fährt nach …?	Qual è l'ạutobus/il tram/la metropolitana che va a …?
Bitte, wo ist die nächste …	Dov'è la prossima …
Bushaltestelle?	fermata dell'ạutobus?
Straßenbahnhaltestelle?	fermata del tram?
U-Bahnstation?	stazione della metropolitana?
Welche Linie fährt nach …?	Qual è la lịnea che va a …?
Ist dies der richtige Bus nach …?	È l'ạutobus giusto per …?
Wann/Wo fährt der Bus ab?	Quando/Da dove parte l'ạutobus?
Wann fährt die erste/letzte U-Bahn nach …?	Quando parte la prima/l'ultima metropolitana per …?
In welche Richtung muß ich fahren?	In che direzione devo andare?
Wie viele Haltestellen sind es?	Quante fermate sono?

Wo muß ich aussteigen/umsteigen?	Dove devo scẹndere/cambiare?
Geben Sie mir bitte Bescheid, wenn ich aussteigen muß.	Mi dice, per favore quando devo scendere?
Wo kann ich den Fahrschein kaufen?	Dove si comprano i biglietti?

Einsteigen nur mit Fahrkarte.
Fahrkarten erhält man in Läden, die solche oder ähnliche Hinweisschilder haben.

Bitte, einen Fahrschein nach …	Un biglietto per …, per favore.
Gibt es auch Mehrfahrten-/Wochenkarten?	Ci sono anche biglietti per più corse/abbonamenti settimanali?

Taxi

Taxi

Wo ist der nächste Taxistand?	Dove trovo un tassì?
Zum Bahnhof.	Alla stazione.
Zum … Hotel.	All'albergo …
In die …-Straße.	In via …
Nach …, bitte.	A …, per favore.

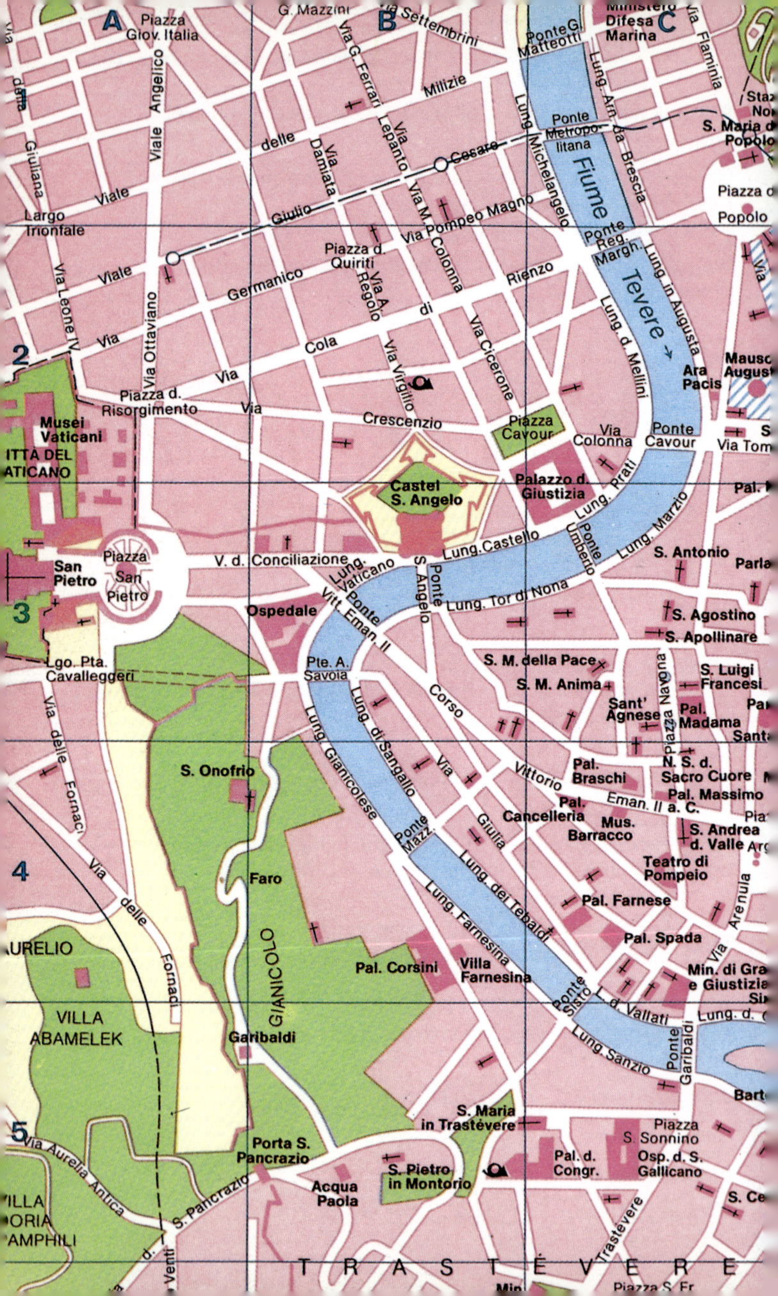
A
B
C
1
2
3
4
5
Piazza Giov. Italia
G. Mazzini
Via Settembrini
Ponte G. Matteotti
Ministero Difesa Marina
Via Flaminia
Viale Angelico
Via G. Ferrari
Milizie
Via Lepanto
Via Damiata
Viale delle Milizie
Viale Giulio Cesare
Ponte Metropolitana
Lung. Arn. da Brescia
S. Maria d. Popolo
Piazza d. Popolo
Staz. Nord
Via Giuliana
Largo Trionfale
Via M. Colonna
Via Pompeo Magno
Lung. Michelangelo
Fiume Tevere
Ponte Reg. Margh.
Lung. in Augusta
Via Leone IV
Viale Germanico
Piazza d. Quiriti
Via A. Regolo
Via Cola di Rienzo
Via Ottaviano
Via Virgilio
Via Cicerone
Lung. d. Mellini
Ara Pacis
Mausoleo Augusto
Piazza d. Risorgimento
Via Crescenzio
Piazza Cavour
Via Colonna
Ponte Cavour
Via Tomacelli
Musei Vaticani
CITTÀ DEL VATICANO
Castel S. Angelo
Palazzo d. Giustizia
Lung. Prati
Lung. Castello
Ponte Umberto
Lung. Marzio
S. Antonio
San Pietro
Piazza San Pietro
V. d. Conciliazione
Lung. Vaticano
Ponte S. Angelo
Ponte Vitt. Eman. II
Lung. Tor di Nona
Ospedale
S. Agostino
S. Apollinare
Lgo. Pta. Cavalleggeri
Pte. A. Savoia
S. M. della Pace
S. M. Anima
S. Luigi Francesi
Sant' Agnese
Piazza Navona
Pal. Madama
Corso Vittorio Eman. II
Via delle Fornaci
Lung. Gianicolese
Lung. di Sangallo
Via Giulia
S. Onofrio
Pal. Braschi
N. S. d. Sacro Cuore
Pal. Massimo
Pal. Cancelleria
Mus. Barracco
S. Andrea d. Valle
Ponte Mazz.
Teatro di Pompeio
Faro
Lung. dei Tebaldi
Pal. Farnese
Via Arenula
AURELIO
GIANICOLO
Lung. Farnesina
Pal. Spada
Pal. Corsini
Villa Farnesina
Min. di Grazia e Giustizia
VILLA ABAMELEK
Ponte Sisto
L. d. Vallati
Garibaldi
Lung. Sanzio
Ponte Garibaldi
S. Maria in Trastevere
Piazza S. Sonnino
Via Aurelia Antica
Porta S. Pancrazio
Pal. d. Congr.
Osp. d. S. Gallicano
S. Pietro in Montorio
Acqua Paola
Via S. Pancrazio
VILLA DORIA PAMPHILI
Viale Trastevere
TRASTEVERE
Piazza S. Fr.

D
E
F
Villa Torlonia
Galleria Borghese
V. P. Canonica
Viale dei Cavalli Marini
Pinciana
Via Savoia
Via Nizza
VILLA BORGHESE
Via Isonzo
Salaria
Viale del Muro Torto
S. Teresa
Galoppatoio
Via Corso d'Italia
Piazza Fiume
Villa Medici
Porta Pinciana
Ministero Lavori Pubbl.
Veneto
Via Boncompagni
Via Piave
Porta Pia
Min. dei Trasport
Via XX Settembre
Piazza di Spagna
Trinità dei Monti
Via Ludovisi
Vittorio
Min. delle Finanze
Via del Condotti
S. Isidoro
Min. Industria
Ministeri Agric. e. Foreste
Pal. Spagna
Via Barberini
Piazza S. Bernardo alle Terme
Terme di Diocleziano
Piazza Indipendenz
Piazza Barberini
Via d. Mercede
Pal. Barberini
S. Maria d. Angeli
Tritone
Via XX Settembre
Piazza d. Repubblica
Marsala
Via del
Min. Difesa Esercito
Piazza d. Cinquecento
Fontana di Trevi
Nazionale
Teatro d. Opera
Staz. Termini
S. Carlo 4 Font.
Piazza Colonna
Pal. d. Quirinale
V. d. Quirinale
S. Andrea Quirin.
Via A. Depretis
Via Giov. Giolitti
San Vitale
Via del
Pal. Sciara
S. Croce
Pal. Espos.
Via Principe Amedeo
S. Ignazio
Univ. Gregoriana
Via Nazionale
Min. Interni
Piazza d. Esquilino
S. Maria Maggiore
Collegio Rom.
SS. Apostoli
Pal. Rospigliosi
Via XXIV Maggio
Banca d'Italia
Piazza S. M. Maggiore
Corso
Pal. Colonna
V. Carlo Alberto
Pal. Doria
Via IV Nov.
Piazza Venezia
S. Prassede
Via Merulana
Pal. Venezia
Monumento Vitt. Eman. II.
Foro Traiano
Via Giov. Lanza
Piazza Vitt. Eman.
S. M. Aracoeli
Via Cavour
Mus. Capitol.
V. dei Fori Imperiali
S. Pietro in Vincoli
Viale del Monte Oppio
Museo d'Arte Orientale
Campidoglio
ESQUILINO
d. Marcello
Pal. dei Conservatori
CAPITOLINO
Teatro di Marcello
Foro Romano
Domus Aurea
OPPIO
Via Merulana
Colosseo
Via Labicana
Teatro
L. d. Pierleoni
Piazza d. Colosseo
Arco di Constantino
MONTE PALATINO
Via San Giovanni in Laterano
Tempio di Vesta
Ponte Palatino
V. d.
S. M. in Cosmedin
Via Claudia
Tempio di Claudio
Tevere
Circo Massimo
Via di S. Gregorio
SS. Giov. e Paolo
ROM
S. Gregorio Magno
Aventino
Ospedal
V. S.

Wieviel kostet es nach …?	Quanto costa andare a …?
Halten Sie bitte hier.	Si fermi qui.
Warten Sie bitte. Ich bin in 5 Minuten zurück.	Aspetti, per favore. Fra 5 minuti sono di ritorno.
Das ist für Sie.	Questo è per Lei.

➧ *Aussprache siehe Seite 7*

Zu Fuß

A piedi

Bitte, wo ist …?	Scusi signore/signora/signorina, dov'è …?
Können Sie mir sagen, wie ich nach … komme?	Mi potrebbe dire come si arriva a …, per favore?
• Tut mir leid, das weiß ich nicht.	Mi dispiace, non lo so.
Welches ist der kürzeste Weg nach/zu …?	Qual è la strada più breve per …?
Wie weit ist es zum/zur …?	Quanto ci vuole per andare a …?
• Es ist (nicht) weit.	(Non) è lontano.
• Es ist ganz in der Nähe.	È vicinissimo.
• Gehen Sie geradeaus/nach links/nach rechts.	Vada diritto/a sinistra/a destra.
• Erste/Zweite Straße links/rechts.	La prima/seconda strada a sinistra/a destra.
• Überqueren Sie …	Attraversi …
die Brücke.	il ponte.
den Platz.	la piazza.
die Straße.	la strada.
• Dann fragen Sie noch einmal.	Poi chiẹda un'altra volta.
• Sie können es nicht verfehlen.	Non si può sbagliare.

• Sie können … nehmen.	Può prẹndere …
den Bus	l'ạutobus.
die Straßenbahn	il tram.
die S-Bahn	la ferrovia urbana.
die U-Bahn	la metropolitana.
den Obus	il fịlobus.

Wortliste Unterwegs in der Stadt

abfahren	partire
Abfahrt	partenza
ausrufen	annunciare
aussteigen	scẹndere
Bus	l'autobus *m*
~bahnhof	la stazione degli autobus
einsteigen	salire
Endstation	il capolịnea
entwerten	annullare
Fahr|er	il conducente
~kartenautomat	il distributore automạtico di biglietti
~plan	orạrio
~preis	prezzo del biglietto
~schein	biglietto
~scheinentwerter	l'obliteratore *m*

Petersplatz, Rom

Fußgängerzone	zona pedonale
Gasse	vịcolo
Gebäude	edifịcio
Gehsteig	il mạrciapiẹde
halten	fermarsi
Haltestelle	fermata
Hauptstraße	strada principale
Haus	casa
~nummer	numero civico
Innenstadt	centro
Kilometerpreis	prezzo per chilọmetro
Kirche	chiesa
Knopf drücken	premere il pulsante
Kontrolleur	il controllore
lösen *(Fahrschein)*	comprare i biglietti
Nahverkehrszug	treno locale
Nebenstraße	strada secondaria
Netzkarte	abbonamento per tutta la rete
Obus	il filobus
Park	parco, giardino pụbblico
Pauschalpreis	prezzo forfettạrio
Quittung	ricevuta
Richtung	la direzione
S-Bahn	ferrovia urbana
Schaffner	il controllore
Stadt|bus	l'ạutobus *m* urbano
~rundfahrt	giro della città, escursioni
~teil	il quartiẹre
~zentrum	centro
Straße	strada, via
Straßenbahn	il tram
Tageskarte	biglietto giornaliero
Taxi|fahrer	il tassista
~stand	postẹggio di taxi
Trinkgeld	mạncia
U-Bahn	metropolitana
Überlandbus	l'ạutobus *m* interurbano
Vorort	sobborgo
Wochenkarte	abbonamento settimanale
Zahnradbahn	cremagliera
Zeitkarte	tessera d'abbonamento

4 Unterkunft
L'Alloggio

Auskunft

Informazioni

Können Sie mir bitte … empfehlen?	Scusi signora/signorina/signore, potrebbe consigliarmi …
ein gutes Hotel	un buon albergo?
ein einfaches Hotel	un albergo non troppo caro?
eine Pension	una pensione?
ein Privatzimmer	una cạmera privata?
Ist es zentral/ruhig/in Strandnähe gelegen?	Si trova in centro/in una posizione tranquilla/vicino al mare?
Was wird eine Übernachtung etwa kosten?	Quanto costerà all'incirca il pernottamento?
Gibt es hier eine Jugendherberge/einen Campingplatz?	C'è un ostello della gioventù/un camping qui?

Hotel/Pension/Privatzimmer

Hotel/Pensione/Cạmera privata

An der Rezeption — Alla ‚Reception'

Ich habe bei Ihnen ein Zimmer reserviert. Mein Name ist …	Ho prenotato una cạmera. Il mio nome è …
Haben Sie noch Zimmer frei?	Ha cạmere lịbere?
… für eine Nacht.	… per una notte.
… für zwei Tage/eine Woche.	… per due giorni/per una settimana.
• Nein, wir sind leider vollständig belegt.	No, purtroppo è tutto esaurito.
• Ja, was für ein Zimmer wünschen Sie?	Sì, che tipo di cạmera desịdera?
ein Einzelzimmer	una sịngola
ein Zweibettzimmer	una dọppia

ein Zweibettzimmer, aber bitte nicht mit einem französischen Bett	una camera doppia, ma non con un letto francese
ein ruhiges Zimmer	una cạmera tranquilla
ein sonniges Zimmer	una camera soleggiata
mit fließend Kalt- und Warmwasser	con acqua corrente calda e fredda
mit Dusche	con doccia
mit Bad	con bagno
mit Balkon/Terrasse	con balcone/con terrazza
mit Blick aufs Meer	con vista sul mare
straßenseitig gelegen	che dà sulla strada
hofseitig gelegen	che dà sul cortile
Kann ich das Zimmer ansehen?	Posso vedere la cạmera?
Dieses Zimmer gefällt mir nicht. Zeigen Sie mir bitte ein anderes.	Questa cạmera non mi piace. Me ne mostri, per favore, un'altra.
Dieses Zimmer ist sehr hübsch. Ich nehme es.	Questa cạmera mi piace molto. La prendo.
Können Sie noch ein drittes Bett/Kinderbett dazustellen?	Si può aggiungere un altro letto/un lettino (per bambini)?
Was kostet das Zimmer mit …	Quanto costa la cạmera …
Frühstück?	con la prima colazione?
Halbpension?	a mezza pensione?
Vollpension?	a pensione completa?
● Wollen Sie bitte den Anmeldeschein ausfüllen?	Vuole riempire, per favore, il mọdulo d'accettazione?
● Darf ich Ihren Reisepaß/Personalausweis sehen?	Il Suo passaporto/La Sua carta d'identità, per favore.
Bitte lassen Sie das Gepäck auf mein Zimmer bringen.	Faccia portare il mio bagạglio in cạmera, per piacere.
Wo kann ich den Wagen abstellen?	Dove posso lasciare la mạcchina?

● In unserer Garage./Auf unserem Parkplatz.	Nel nostro garage/parcheggio.
Hat das Hotel ein Schwimmbad/einen eigenen Strand?	L'albergo ha una piscina/una spiaggia riservata?

Gespräche mit dem Hotelpersonal — Col personale di servizio

Ab wann gibt es Frühstück?	Da che ora si può fare colazione?
Wann sind die Essenszeiten?	Quali sono gli orari per i pasti?
Wo ist der Speisesaal?	Dov'è la sala da pranzo?
Wo kann man frühstücken?	Dove si fa colazione?
● Eine Treppe tiefer.	Al piano inferiore.
● Sollen wir Ihnen das Frühstück aufs Zimmer schicken?	Desịdera far colazione in camera?
Schicken Sie mir bitte das Frühstück um … Uhr aufs Zimmer.	Mi faccia portare, per favore, la colazione in cạmera alle …
Zum Frühstück nehme ich …	A colazione prendo …
schwarzen Kaffee.	caffè senza latte.
Kaffee mit Milch.	caffellatte.
koffeinfreien Kaffee.	caffè decaffeinizzato.
Tee mit Milch/Zitrone.	tè al latte/al limone.
einen Kräutertee.	una tisana.
Schokolade.	cioccolata.
einen Fruchtsaft.	una spremuta.
ein weiches Ei.	un uovo à la coque.
Rühreier.	uova strapazzate.
Eier mit Speck.	uova con lo speck.
Brot/Brötchen/Toast.	pane/panini/pane tostato.
ein Hörnchen.	un cornetto.

Butter.	burro.
Käse.	formaggio.
Wurst.	salume.
Schinken.	prosciutto.
Honig.	miele.
Marmelade.	marmellata.
ein Müsli.	pappa di fiocchi d'avena e frutta.
ein Joghurt.	uno iogurt.
etwas Obst.	della frutta.

➧ *Aussprache siehe Seite 7*

Könnte ich für morgen ein Lunchpaket bekommen?	Per domani mi può preparare il cestino per il pranzo al sacco?
Wecken Sie mich bitte morgen früh um … Uhr.	Mi svegli domattina alle …, per favore.
Würden Sie mir bitte … bringen?	Potrebbe portarmi, per favore, …
noch ein Handtuch	un altro asciugamano?
ein Stück Seife	un pezzo di sapone?
einige Kleiderbügel	delle grucce per i panni?
Wie funktioniert …?	Come funziona …?
Bitte meinen Schlüssel.	Per favore, la mia chiave.
Hat jemand nach mir gefragt?	Mi ha cercato qualcuno?
Ist Post für mich da?	C'è posta per me?
Haben Sie Ansichtskarten/Briefmarken?	Avete cartoline/francobolli?
Wo kann ich diesen Brief einwerfen?	Dove posso imbucare questa lęttera?
Wo kann ich … mieten/ausleihen?	Dove posso affittare/noleggiare …?
Wo kann ich telefonieren?	Dove posso telefonare?

Kann ich meine Wertsachen bei Ihnen in den Safe geben?	Posso lasciare i miei valori in depọsito nella Vostra cassaforte?
Kann ich meine Sachen hier lassen, bis ich wiederkomme?	Posso lasciare qui le mie cose fino al mio ritorno?

Beanstandungen — Reclami

Das Zimmer ist nicht gereinigt worden.	La cạmera non è pulita.
Die Dusche …	La dọccia …
Die Spülung …	Lo sciacquone …
Die Heizung …	Il riscaldamento …
Das Licht …	La luce …
Das Radio …	La radio …
Der Fernseher … funktioniert nicht.	Il televisore … non funziona.
Der Wasserhahn tropft.	Il rubinetto gọcciola.
Es kommt kein (warmes) Wasser.	Non c'è acqua (calda).
Die Toilette/Das Waschbecken ist verstopft.	Il gabinetto/Il lavandino è intasato.
Das Fenster schließt nicht/geht nicht auf.	La finestra non si chiude/non si apre.
Der Schlüssel paßt nicht.	La chiave non va bene.

Abreise	Partenza
Ich reise heute abend/ morgen um ... Uhr ab.	Parto stasera/domani alle ...
Bis wann muß ich das Zimmer räumen?	Per quando devo liberare la stanza?
Machen Sie bitte die Rechnung fertig.	Mi prepari il conto, per favore.
Getrennte Rechnungen bitte.	Conti separati, per favore.
Nehmen Sie deutsches Geld/Euroschecks?	Accetta denaro tedesco/eurocheques?
Bitte senden Sie noch ankommende Post an diese Adresse nach.	Per favore, rispedisca a questo indirizzo la posta che arriverà.
Lassen Sie bitte mein Gepäck herunterbringen.	Mi faccia portare giù il bagaglio, per favore.
Lassen Sie bitte mein Gepäck zum Bahnhof/ zum Air Terminal bringen.	Mi faccia portare il bagaglio alla stazione/all'Air Terminal, per favore.

Rufen Sie mir bitte ein Taxi.	Mi chiami un tassì, per favore.
Vielen Dank für alles. Auf Wiedersehen.	Grazie di tutto. Arrivederci.

Wortliste Hotel/Pension/Privatzimmer

Abendessen	cena
Animationsprogramm	il programma d'animazione
Anmeldung	l'accettazione *f*
Aschenbecher	il portacẹnere
Aufenthaltsraum	il soggiorno
Aufzug	l'ascensore *m*
Bade|wanne	vasca da bagno
~zimmer	bagno
Balkon	il balcone
Bett	letto
~decke	coperta
~laken	lenzuọlo
~wäsche	biancheria da letto
Bidet	il bidet, il bidè
Dusche	dọccia
Empfangshalle	ạtrio
Etage	pịano
Fenster	finestra
Fernseher	il televisore
Fernsehraum	cạmera della televisione
Frühstück	la colazione
Frühstücks|büfett	il buffet della colazione
~raum	sala per la colazione
Grillabend	cena a base di carne alla griglia
Halbpension	la mezzapensione
Handtuch	asciugamano
Hauptsaison	alta stagione *f*
Hausbar	il bar
Heizung	riscaldamento
Kategorie	categoria
Kinder|betreuung	assistenza ai bambini
~bett	lettino (per bambịni)
~spielplatz	campo da gioco per bambini
Kleiderbügel	grụccia (per i panni)

Klimaanlage	aria condizionata
Kopfkissen	cuscino
Kost und Logis	vitto e alloggio
Lampe	lạmpada
Lichtschalter	l'interruttore *m*
Matratze	materasso
Minibar	il minibar
Mittagessen	pranzo, il desinare
Motel	il motel
Nachsaison	bassa stagione *f*
Nachttisch	comodino
~lampe	lạmpada del comodino
Papierkorb	cestino per la carta
Pension	la pensione
Planschbecken	piscina per bambini
Poolbar	il bar della piscina
Portier	il portiere
Radio	la radio
reinigen	pulire
Reservierung	la prenotazione
Rezeption	l'accetazione *f*, la reception
Safe	la cassaforte
Schlüssel	la chiave
Schrank	armạdio
Sessel	sẹdia
Speisesaal	sala da pranzo
Spiegel	spẹcchio
Steckdose	presa
Stecker	spina
Terrasse	terrazza
Toilette	gabinetto
Toilettenpapier	carta igiẹnica
Transferbus	servizio pulman
Übernachtung	pernottamento
Ventilator	il ventilatore
Verlängerungs|schnur	cavo di prolungamento
~woche	settimana supplementare
Vollpension	la pensione completa
Vorsaison	bassa stagione *f*
Waschbecken	lavandino
Wäschewechsel	cambio biancheria
Wasser	acqua
kaltes ~	acqua fredda
warmes ~	acqua calda

~glas	il bicchiẹre da acqua
~hahn	rubinetto
Wolldecke	coperta di lana
Zimmer	cạmera
~mädchen	cameriẹra
~telefon	telẹfono in camera
Zwischenstecker	spina di adattamento

Ferienhäuser/Ferienwohnungen

Case/Appartamenti per le vacanze

Ist der Strom- und Wasserverbrauch im Mietpreis enthalten?	L'acqua e la luce sono comprese nel prezzo d'affitto?
Sind Haustiere erlaubt?	Si possono portare animali?
Wo bekommen wir die Schlüssel für das Haus/die Wohnung?	Dove possiamo ritirare le chiavi della casa/dell'appartamento?
Müssen wir sie dort auch wieder abgeben?	Le dobbiamo anche riconsegnare lì?
Wo befinden sich die Mülltonnen?	Dov'è il bidone delle immondịzie?
Müssen wir die Endreinigung selbst übernehmen?	Spetta a noi il lavoro di pulizia finale?

Wortliste Ferienhäuser/Ferienwohnungen

▶ **auch Wortliste Hotel/Pension/Privatzimmer**

Anreisetag	giorno d'arrivo
Appartement	appartamento
Bungalow	il bungalow
Endreinigung	pulizịa finale
Eßecke	zona pranzo
Etagenbett	letto a castello
Ferien|anlage	centro vacanze
~haus	casa per le vacanze
~wohnung	appartamento per le vacanze

Geschirr|handtuch	canovạccio per asciugare i piatti
~spülmaschine	la lavastoviglie
Haus|besitzer	il padrone di casa
~tiere	gli animali domẹstici
Herd	cucina economica
Elektro~	cucina elettrica
Gas~	cucina a gas
Kaffeemaschine	macchina del caffè
Kochnische	cucinino, cucinotto
Kühlschrank	frigorịfero
Miete	affitto, nolẹggio
Müll	immondizia
Nebenkosten	le spese (accessorie)
Prospekt	opụscolo, il dépliant
Schlaf|couch	divano a letto
~zimmer	cạmera da letto
Schlüsselübergabe	consegna delle chiavi
Strom	la corrente
~pauschale	prezzo forfettario per la corrente
~spannung	voltạggio
Studio	studio
Toaster	il tostapane
vermieten	affittare, noleggiare
Waschmaschine	la lavatrice
Wasserverbrauch	consumo d'acqua
Wohn|-Schlafraum	la parte giorno/notte
~zimmer	soggiorno
Zentralheizung	riscaldamento centrale

➧ *Aussprache siehe Seite 7*

Camping

Campeggio

Gibt es in der Nähe einen Campingplatz?	C'è un camping nelle vicinanze?
Haben Sie noch Platz für einen Wohnwagen/ein Zelt?	C'è ancora posto per una roulotte/una tenda?

Wie hoch ist die Gebühr pro Tag und Person?	Quanto si paga al giorno a persona?
Wie hoch ist die Gebühr für …	Quanto si paga per …
das Auto?	l'auto?
den Wohnwagen/das Wohnmobil?	la roulotte/il camper?
das Zelt?	la tenda?
Vermieten Sie Ferienhäuser/Wohnwagen?	Si possono affittare bungalows/roulottes?
Wo kann ich meinen Wohnwagen aufstellen/mein Zelt aufschlagen?	Dove posso parcheggiare la mia roulotte/piantare la mia tenda?
Wir bleiben … Tage/Wochen.	Rimaniamo … giorni/settimane.
Gibt es hier ein Lebensmittelgeschäft?	C'è un negozio di alimentari?
Wo sind die …	Dove sono …
Toiletten?	i servizi igienici?
Waschräume?	i lavandini?
Duschen?	le docce?
Gibt es hier Stromanschluß?	C'è una presa di corrente?
Haben Sie 220 oder 110 Volt?	Qui la corrente è da 220 o da 110 volt?
Wo kann ich Gasflaschen umtauschen/ausleihen?	Dove posso cambiare/affittare le bombole di gas?
Ist der Campingplatz bei Nacht bewacht?	Il campeggio è sorvegliato la notte?
Gibt es hier einen Kinderspielplatz?	C'è un campo da gioco per i bambini?
Können Sie mir bitte … leihen?	Per favore, potrebbe prestarmi …?

Jugendherberge

Ostelli per la gioventù

Kann ich bei Ihnen Bettwäsche/einen Schlafsack leihen?	Mi può prestare la biancheria da letto/un sacco a pelo?
• Die Eingangstür wird um 24 Uhr abgeschlossen.	Il portone d'ingresso viene chiuso alle ore 24.

Wortliste Camping/Jugendherberge

Bauernhof	fattoria
Benutzungsgebühr	tassa per l'uso
Camping	camping *m*, campeggio
~ausweis	tẹssera di campeggio
~führer	guida dei campeggi
~platz	campẹggio
Gas|flasche	bọmbola di gas
~kartusche	cartụccia del gas
~kocher	fornello a gas
Gemeinschaftsraum	sala per le attività ricreative comuni
Geschirrspülbecken	lavandino per i piatti
Herbergseltern	il locandieri dell'ostello
Hering (*Zeltpflock*)	picchetto
Jugendgruppe	gruppo giovanile
Jugendherberge	ostello della gioventù
Jugendherbergs|ausweis	tessera per gli ostelli della gioventù
~führer	il direttore dell'ostello
Kinderspielplatz	campo da gioco per bambini
Kocher	fornello
leihen	prestare
Leihgebühr	tariffa di noleggio
Mehrbettzimmer	cạmera a più letti
Mitgliedskarte	tẹssera di socio
Petroleumlampe	lampada a petrolio
Propangas	propano
Schlaf|saal	dormitọrio
~sack	sacco a pelo
Steckdose	presa
Stecker	spina

Strom	la corrente
~anschluß	presa di corrente
Studentenwohnheim	casa dello studente
Tagesraum	sala di soggiorno
Trinkwasser	acqua potạbile
Voranmeldung	preavviso
Waschraum	stanzino da bagno
Wäschetrockner	stendibiancheria
	(Automat) l'asciugatrice *f*
Wasser	acqua
~kanister	tạnica, latta
Wohn|mobil	il camper
~wagen	la roulotte
Zelt	tenda
zelten	campeggiare
Zelt|schnur	laccio da tenda
~stange	palo da tenda

5 **Gastronomie**
Mangiare e bere

In Italien findet man folgende Arten von Gaststätten:

osteria – *Weinstube, in der man vor allem Wein aus der Gegend trinkt. Manchmal bekommt man dort auch etwas zu essen.*

trattoria – *Lokal, in dem es hausgemachte Speisen – normalerweise zu vernünftigen Preisen – gibt. Meist handelt es sich um einen Familienbetrieb.*
In Großstädten muß man aber vorsichtig sein, weil sich dort oft hinter der Bezeichnung trattoria *teure Lokale verbergen, in denen man nicht unbedingt gut ißt. Am besten ist es, Einheimische nach einer empfehlenswerten Gaststätte zu fragen.*

ristorante – *Restaurant mit großem Angebot an Gerichten. Es ist darauf zu achten, daß es in Italien üblich ist, ein vollständiges Essen – bestehend aus Nudelgericht, Reisgericht oder Suppe* (= primo), *Fleisch- oder Fischgericht* (= secondo) *und Obst oder Nachspeise – zu bestellen. Wenn Sie nur einen Teller Spaghetti oder Ähnliches essen möchten, gehen Sie am besten in eine*

tavola calda – *Dort erhalten Sie verschiedene warme Vorspeisen, die Sie allerdings meist im Stehen essen.*

bar – *Café, in dem die Italiener zu jeder Tageszeit ihren* espresso, macchiato, cappuccino *oder Aperitif trinken und Kleinigkeiten an der Theke oder am Tisch essen. Meist muß man zuerst an der Kasse einen* scontrino *(Kassenbon) lösen, um dann an der Theke das Getränk zu bekommen. Es empfiehlt sich, Kleingeld bereitzuhalten. Die in der Preisliste* (listino prezzi) *angegebenen Preise gelten nur für den Verzehr an der Theke.*

paninoteca – *Barähnliches Lokal, in dem man warme und kalte belegte Brötchen bekommt. Man kann überdies alkoholfreie und schwach alkoholhaltige Getränke trinken. Diese Art Lokal wird hauptsächlich von jungen Leuten besucht.*

Essen gehen

Andare a mangiare

Wo gibt es hier …	Scusi, mi potrebbe indicare …
ein gutes Restaurant?	un buon ristorante?
ein typisches Restaurant?	un locale tịpico?
eine einfache Gaststätte?	una trattorịa?
ein nicht zu teures Restaurant?	un ristorante a buon mercato?
einen Schnellimbiß?	una tạvola calda/rosticcerịa?
Wo kann man hier in der Nähe preiswert essen?	Dove si può andare a mangiare qui nelle vicinanze per non spendere molto?

Im Restaurant

Al ristorante

Reservieren Sie uns bitte für heute abend einen Tisch für 4 Personen.	Può riservarci per stasera un tavolo per quattro persone?
Ist dieser Tisch/Platz noch frei?	È libero questo tavolo/questo posto?
Einen Tisch für 2/3 Personen, bitte.	Per favore, un tavolo per due/tre persone.
Wo sind bitte die Toiletten?	Mi può dire dov'è la toilette, per favore?
● Bitte hier entlang.	Per di qui, prego.

Bestellung

Frühstück ▶ auch Kap. 4

Ordinazione

Herr Ober/Bedienung, die …, bitte.	Cameriere, …, per favore.
Speisekarte	il menu
Getränkekarte	la lista delle bevande
Weinkarte	la lista dei vini

Was können Sie mir empfehlen?	Che cosa mi consiglia?
Haben Sie vegetarische Gerichte/Diätkost?	Avete pietanze vegetariane/cibo dietẹtico?
Gibt es auch Kinderportionen?	Si può avere la mezza-porzione per i bambini?
• Haben Sie schon gewählt?	Ha già scelto?
• Was nehmen Sie als Vorspeise/Nachtisch?	Che cosa prende per antipasto/dessert?
Ich nehme …	Prendo …
Als Vorspeise/Nachtisch/Hauptgericht nehme ich ...	Per antipasto/dessert/secondo prendo …
Ich möchte keine Vorspeise, danke.	L'antipasto non lo prendo, grazie.
• Wir haben leider kein/e … (mehr).	Purtroppo il/la… è finito.
• Dieses Gericht servieren wir nur auf Bestellung.	Questa pietanza la serviamo solo su ordinazione.
Könnte ich statt … … haben?	Al posto di … protrei avere …?
Ich vertrage kein/e …, könnten Sie das Gericht ohne … zubereiten?	Non sopporto …, può preparare la pietanza senza …?
• Wie möchten Sie Ihr Steak haben?	Come vuole la carne?
gut durch	ben cotta
halb durch	non troppo cotta
englisch	all' inglese/al sangue
• Was wollen Sie trinken?	Che cosa desịdera da bere?
Bitte ein Glas …	Per favore, un bicchiere di …
Bitte eine (halbe) Flasche …	Per favore, una (mezza) bottịglia di …
Mit Eis, bitte.	Con ghiaccio, per favore.

● Guten Appetit!	Buon appetito!
● Haben Sie noch einen Wunsch?	Desidera altro?
Bitte bringen Sie uns …	Ci porti, per favore …
Könnten wir noch etwas Brot/Wasser/Wein bekommen?	Ci può portare un altro po' di pane/d'acqua/di vino?

Beanstandungen

Reclami

Hier fehlt ein/e …	Manca …
Haben Sie mein/e … vergessen?	Ha dimenticato il mio/la mia …?
Das habe ich nicht bestellt.	Non ho ordinato questo.
Das Essen ist kalt/versalzen.	Il mangiare è freddo/troppo salato.
Das Fleisch ist zäh/zu fett.	La carne è dura/troppo grassa.
Der Fisch ist nicht frisch.	Il pesce non è fresco.
Nehmen Sie es bitte zurück.	Lo porti indietro, per favore.
Holen Sie bitte den Chef.	Mi chiami per favore il direttore/il proprietario!

Die Rechnung

Il conto

Bezahlen, bitte./Die Rechnung, bitte.	Il conto, per favore.
Wir haben es eilig.	Abbiamo piuttosto fretta.
Bitte alles zusammen.	Tutto insieme.
Getrennte Rechnungen, bitte.	Conti separati, per favore.

Ist die Bedienung/das Gedeck inklusive?	Il servizio/Il coperto è compreso?

Auf den Speisekarten wird meist ein Preis für das ***coperto*** *(Gedeck) angegeben. Dieser Betrag ist immer zu bezahlen, und zwar unabhängig vom Umfang Ihrer Bestellung. Dafür wird für die Brötchen und* ***grissini,*** *die bei jeder italienischen Mahlzeit auf dem Tisch stehen, nichts verrechnet.*

Die Rechnung scheint mir nicht zu stimmen.	Il conto non mi pare esatto.
Das habe ich nicht gehabt. Ich hatte …	Non ho mangiato questo. Ho mangiato …
• Hat es geschmeckt?	Era di Suo gradimento?
Das Essen war ausgezeichnet.	Il mangiare era eccellente.
Das ist für Sie.	Questo è per Lei.
Es stimmt so.	Il resto è per Lei.

Einladung zum Essen/Essen in Gesellschaft

Invito a pranzo o a cena/Mangiare in compagnia

Vielen Dank für die Einladung!	Mille grazie per l'invito!
• Greifen Sie zu!	Si serva pure!
Auf Ihr Wohl!	Alla Sua salute!
Können Sie mir bitte … reichen?	Per favore, mi può passare …?
• Noch etwas …?	Un altro po' di …?
Danke, es war reichlich.	Grazie, era sufficiente!
Ich bin satt, danke.	Sono sazio, grazie.
Darf ich rauchen?	Posso fumare?

Wortliste Gastronomie

▶ auch Kap.8, Wortliste Lebensmittel

Abendessen	cena
alkoholfrei	analcọlico
anmachen *(Salat)*	condire
Aschenbecher	il portacẹnere
Bar	il bar
bedienen, sich	servirsi
Beilage	contorno
Besteck	le posate
bestellen	ordinare
Bestellung	l'ordinazione *f*
Bier	birra
Brot	il pane
Butter	burro
Diabetiker	diabẹtico
Dressing	salsa per condire l'insalata
durchgebraten	ben cotto
Eierbecher	il portauọva
entkorken	stappare
Essig	aceto
fad	insịpido
Faß, Bier vom	birra alla spina
Fett	grasso

Fisch	il pesce
Flaschenöffner	l'apribottiglie *m*
Fleck	mạcchia
Fleckenentferner	lo smacchiatore
Fleisch	la carne
frisch	fresco
Frühstück	prima colazione
Füllung	ripiẹno
Gabel	forchetta
Gang	portata
gar	cotto
gebacken	fritto
gebraten	arrostito
am Spieß	allo spiedo
vom Grill	alla griglia
in der Pfanne	al tegame
gedämpft	cotto a vapore
Gedeck	coperto
gedünstet	stufato
gefüllt	ripiẹno
gekocht	bollito, cotto
geräuchert	affumicato
Gericht	pietanza
geröstet	tostato, arrostito
Geschmack	il sapore
geschmort	brasato
Getränk	bevanda
Gewürz	le spẹzie
Glas	il bicchiere
Wasser~	il bicchiẹre da acqua
Wein~	il bicchiere da vino
Gräte	spina, lisca
hart	duro
Hauptspeise	secondo
hausgemacht	fatto in casa
heiß	caldo, bollente
Huhn	pollo
hungrig sein	aver fame
Kaffeekanne	caffettiẹra
Kalbfleisch	la carne di vitello
kalt	freddo
Karaffe	caraffa
Kartoffeln	le patate
Kellner/in	il camerịere/la camerịera

Ketchup	il ketchup
Kinderteller	la mezza porzione
Knoblauch	ạglio
Knochen	osso
Koch/Köchin	cuọco/cuọca
kochen	cuọcere, *(Wasser)* bollire
Korkenzieher	il cavatappi
Kräuter	le erbe
Kümmel	cumino
Löffel	cucchiạio
Tee~	cucchiaịno
Lorbeer	alloro
mager	magro
Mayonnaise	la maionese
Menü	menù
Messer	coltello
Mittagessen	pranzo, il desinare
Muskatnuß	la noce moscata
Nachtisch	il dessert, il dolce
Nelken	i chiọdi di garọfani
Nudeln	la pasta
Ober *(Anrede)*	camerịere
Öl	ọlio
Oliven	le olive
~öl	olio d'oliva
Paprika	*(Gemüse)* il peperone *(Gewürz)* pạprica
Petersilie	prezzẹmolo
Pfeffer	il pepe
~streuer	peparọla, pepaiọla
Pommes frites	le patate fritte
Portion	la porzione
probieren	assaggiare
Reis	riso
Rindfleisch	la carne di manzo
roh	crudo
Rost	grịglia, gratịcola
saftig	succoso
Salat	insalata
~büfett	il buffet delle insalate
Salz	il sale
salzig	salato
Salzstreuer	saliera
sauer	agro

scharf	piccante
Scheibe	fetta
Schonkost	cibo dietẹtico
Schüssel	terrina, insalatiẹra
Schweinefleisch	la carne di maiale
Senf	la sẹnape
Serviette	tovagliọlo
Soße	salsa
Speise	piạtto, portata
~karte	lista delle vivande, il menu
Spezialität	specialità
Strohhalm	cannuccia
Suppenteller	piạtto fondo, scodella
süß	dolce
Süßstoff	l'edulcorante *m*, (sostanza) dolcificante
Tages|gericht	piạtto del giorno
~menü	il menù del giorno
Tasse	tazza
Unter~	piattino
Teekanne	teiẹra
Teller	piatto
Tischtuch	tovạglia
Trinkgeld	mạncia
trocken *(Wein)*	(vino) secco
überbacken	passare al forno, gratinare
vegetarisch	vegetariano
Vorspeise	antipasto
Wasser	acqua
weich	tẹnero, mọrbido
Wein	vino
würzen	condire, drogare
zäh	duro
Zahnstocher	lo stuzzicadenti
zart	tẹnero
Zitrone	il limone
Zucker	zụcchero
Zwiebel	cipolla

Menù

Speisekarte

Antipasti	Vorspeisen
acciughe	Sardellen
affettato misto	gemischter Aufschnitt
anguilla affumicata	Räucheraal
aragosta	Languste
carciofini sott'olio	Artischockenherzen in Öl
funghi sott'olio	Pilze in Öl
gamberi	Krebse
melone e prosciutto	Melone mit Schinken
prosciutto cotto	gekochter Schinken
prosciutto crudo	roher Schinken
prosciutto con fichi freschi	Schinken mit frischen Feigen
tonno con fagioli	Thunfisch mit weißen Bohnen

Minestre	Suppen
minestra di riso	Reissuppe
minestra di verdura	Gemüsesuppe
minestrone	dicke Gemüsesuppe
pasta e fagioli	dicke Suppe mit Bohnen und Nudeln

pastina in brodo	Fleischbrühe mit feinen Nudeln
Stracciatella	Einlaufsuppe
zuppa di pesce	Fischsuppe
zuppa pavese	Fleischbrühe mit Toast und Ei

Primi Piatti — Nudel- und Reisgerichte

spaghetti	
– al burro / in bianco	mit Butter
– alla napoletana / al pomodoro	mit Tomatensoße (ohne Fleisch)
– alla bolognese / al ragù	mit Tomatensoße (mit Fleisch)
– alle vongole	mit kleinen Muscheln
– alla carbonara	mit Ei und Speck
– alla panna	mit Sahne
– alla puttanesca	mit Tomatensoße, Oliven und sehr scharfen Gewürzen
gnocchi alla romana	Grießschnitten mit Käse überbacken
polenta (alla valdostana)	Maisbrei (mit Schmelzkäse)
agnolotti / ravioli / tortellini	gefüllte Teigtaschen
cannelloni	fleischgefüllte Nudelrollen, überbacken
fettuccine / tagliatelle	Bandnudeln
lasagne al forno	überbackene Bandnudeln mit Fleischfüllung
lasagne verdi	grüne Bandnudeln

maccheroni	Makkaroni
vermicelli	Fadennudeln
risotto alla milanese	Reisgericht mit Safran
risotto con funghi	Reisgericht mit Pilzen

Carni — Fleischgerichte

abbacchio	Lammbraten
agnello	Lamm
anitra	Ente
arrosto di vitello	Kalbsbraten
bistecca ai ferri	gegrilltes Steak
bollito misto	verschiedene Fleischarten, gekocht
capretto	Zicklein
cervello	Hirn
coniglio	Kaninchen
cotoletta alla milanese	Wiener Schnitzel
cotoletta di maiale	Schweinskotelett
fegato	Leber
fesa di vitello	Kalbsschnitzel
lepre	Hase
lingua	Zunge
maiale	Schweinefleisch

lombata di vitello	Kalbslendchen
manzo / bue	Rindfleisch
montone	Hammel
oca	Gans
ossobuco	Kalbshaxenscheibe mit Soße
petti di pollo	Hühnerbrust
piccione	Taube
pollo	Huhn
pollo arrosto	Brathuhn
polpette (svizzere)	deutsches Beefsteak, Hamburger
rognoni	Nieren
saltimbocca alla romana	kl. Kalbsschnitzel m. Schinken u. Salbei
scaloppine di vitello	kleine Kalbsschnitzel
spezzatino	Gulasch mit Tomaten
stufato	Schmorbraten
tacchino	Truthahn
trippa	Kutteln
vitello	Kalbfleisch
zampone	gefüllter Schweinsfuß

Pesce	Fisch
anguilla	Aal
aragosta	Languste
calamari	Tintenfische
cozze / vongole	Muscheln
datteri di mare	Dattelmuscheln
fritto di pesce	gebackene Fischchen
frutti di mare	verschiedene Meerestiere
gambero, granchio	Krebs, Krabbe
pesce spada	Schwertfisch
salmone	Lachs
scampi fritti	gebackene kleine (See-)Krebse
sgombro	Makrele
sogliola	Seezunge
triglia	Barbe
tonno	Thunfisch
trota	Forelle

Verdura e contorni	Gemüse und Beilagen
asparagi	Spargel
bietola	Mangold
broccoli	Brokkoli
carciofi	Artischocken
carote	Karotten, Möhren
cavolfiore	Blumenkohl
cicoria	Chicorée
fagioli	weiße Bohnen
fagiolini	grüne Bohnen
finocchi	Fenchel
funghi	Pilze
lenticchie	Linsen
melanzane	Auberginen
patate	Kartoffeln
patatine fritte	Bratkartoffeln, Pommes frites
peperoni	Paprikaschoten
piselli	Erbsen
pomodori	Tomaten
purè di patate	Kartoffelpüree
ravanelli	Radieschen
sedano	Sellerie
spinaci	Spinat
zucchini	Zucchini

Insalate	Salate
insalata mista	gemischter Salat
insalata russa	italienischer Salat
insalata verde	grüner Salat
radicchio	roter Kopfsalat

Uova	Eierspeisen
frittata	Omelett, Pfannkuchen
uova al tegame	Spiegeleier
uova sode	harte Eier
uova strapazzate	Rühreier

Formaggi	Käse
bel paese	milder Weichkäse
gorgonzola	mit grünem Schimmel durchzogener pikanter Fettkäse
gruviera	Emmentaler Käse
mozzarella	frischer Büffelkäse
parmigiano / grana	Parmesankäse
pecorino	Schafskäse
provolone (affumicato)	Büffelkäse, pikant (und geräuchert)

ricotta	Quark
stracchino	milder Streichkäse
taleggio	weißer Fettkäse

Dolci e frutta — Nachspeisen und Obst

budino	Pudding
crema caramel	Karamelpudding
cassata	Eisschnitte mit kandierten Früchten
frutta cotta	Kompott
gelato	Eis
macedonia	Obstsalat
tiramisu	Bisquitgebäck
zabaione	Eiercreme
zuppa inglese	Biskuit mit Vanillecreme
albicocca	Aprikose
ananasso	Ananas
arancia	Orange
ciliegie	Kirschen
cocomero / anguria	Wassermelone
fichi	Feigen
fragole	Erdbeeren
lamponi	Himbeeren

mela	Apfel
melone	Honigmelone
mirtilli rossi	Preiselbeeren
pera	Birne
pesca	Pfirsich
pompelmo	Pampelmuse
prugna/susina	Pflaume
uva	Trauben

Gelati	**Eis**
albicocca	Aprikoseneis
cioccolata	Schokoladeeis
coppa assortita	gemischter Eisbecher
coppa con panna	Eisbecher mit Sahne
fiọr di latte	Sahneeis
frạgola	Erdbeereis
lampone	Himbeereis
limone	Zitroneneis
mirtilli	Heidelbeereis
nocciọla	Haselnußeis
tartufo	Vanilleeis mit Schokoladenüberzug
vanịglia/crema	Vanilleeis

Lista delle bevande

Getränkekarte

Vini	Wein
Aleatico	süßer Rotwein aus der Toskana
Asti spumante	piemontesischer Schaumwein
Barbera	ziemlich herber piemontesischer Rotwein
Bardolino	roter Tischwein aus der Gegend des Gardasees
Chianti	ziemlich schwerer Rotwein aus der Toskana
Frascati	nicht sehr süßer Weißwein aus den „Castelli" bei Rom
Grignolino	herber piemontesischer Rotwein
Làcrima Christi	ziemlich süßer, schwerer Rotwein aus der Gegend von Neapel
Lambrusco	etwas prickelnder Rotwein aus dem Raum Modena–Bologna
Marino	herber Weißwein aus den „Castelli Romani"
Marsala	schwerer süßer Wein aus Sizilien
Moscato	Gewürzwein, Muskateller
Orvieto	feiner süßer oder herber Weißwein
Ruffino	toskanischer Rotwein
Valpolicella	Veroneser Rotwein

Birre	Bier
birra scura / chiara	dunkles / helles Bier
birra al malto	Malzbier
birra forte	Bockbier
birra alla spina	Bier vom Faß

Bevande analcoliche	Alkoholfreie Getränke
acqua minerale	Mineralwasser
acqua di seltz	Selterswasser
amarena	Kirschsaft
aranciata	Orangeade
gassosa	Brause, Sprudel
spremuta di limone	Zitrone natur
succo di frutta	Fruchtsaft
succo di mele	Apfelsaft
succo di pomodoro	Tomatensaft
succo d'uva	Traubensaft

Caffetteria	Cafetería
caffè, espresso	kleiner, starker Kaffee ohne Milch
caffè macchiato	kleiner, starker Kaffee mit Milch
cappuccino	Kaffee mit schaumig geschlagener Milch
camomilla	Kamillentee
tè al latte / limone	Tee mit Milch / Zitrone
cioccolata con panna	Trinkschokolade mit Schlagsahne
pasta	kleines Gebäck
torta	Kuchen

Liquori	Schnäpse und Liköre
amaro	Magenbitter
grappa	klarer Traubenschnaps
sambuca	Likör mit Anisgeschmack
Vẹcchia Romagna	italienischer Kognak

6 Kultur und Natur
Cultura e natura

Auf dem Verkehrsbüro

All'azienda di soggiorno

Ich möchte einen Stadtplan von … haben.	Vorrei una pianta della città di …
Haben Sie Prospekte von … ?	Ha qualche depliant di … ?
Haben Sie einen Veranstaltungskalender für diese Woche?	Ha un programma delle manifestazioni di questa settimana?
Gibt es Stadtrundfahrten?	Ci sono giri turịstici della città organizzati?
Was kostet die Rundfahrt?	Quanto costa il biglietto?

Sehenswürdigkeiten/Museen

Cose da vedersi/Musẹi

Welche Sehenswürdigkeiten gibt es hier?	Che cosa c'è da vedere qui?
Wir möchten … besichtigen.	Vorremmo visitare …
Wann ist das Museum geöffnet?	Quando è aperto il musẹo?
Wann beginnt die Führung?	Quando comincia la vịsita con la guida?
Gibt es auch eine Führung in Deutsch?	La guida parla anche tedesco?
Darf man hier fotografieren?	È permesso fare fotografịe?
Was für ein Platz/eine Kirche ist das?	Come si chiama questa piazza/chiẹsa?

Betreten Sie in Italien eine Kirche nie in kurzen Hosen. Sie könnten sonst Anstoß erregen. Wenn Sie ein ärmelloses Kleid tragen, ist es ratsam, eine Jacke anzuziehen.

Ist das …?	È questo il …/È questa la …?
Wann wurde dieses Gebäude erbaut/restauriert?	Quando fu costrụito/restaurato questo palazzo?
Aus welcher Epoche stammt dieses Bauwerk?	A che ẹpoca risale questo edifịcio?
Gibt es in der Stadt noch andere Werke von diesem Architekten?	Ci sono altre ọpere di questo architetto nella città?
Sind die Ausgrabungsarbeiten abgeschlossen?	Sono terminati i lavori di scavo?
Wo sind die Funde ausgestellt?	Dove sono esposti i reperti archeolọgici?
Wer hat dieses Bild gemalt/diese Plastik geschaffen?	Chi ha dipinto questo quadro?/ Chi ha fatto questa scultura?
Gibt es einen Katalog zur Ausstellung?	Esiste un catạlogo dell'esposizione?
Haben Sie das Bild … als Poster/Postkarte/Dia?	Ha un poster/una cartolina/delle diapositive del quadro …

Castel del Monte, um 1340 erbaut

Wortliste Sehenswürdigkeiten/Museen

➧ *Aussprache siehe Seite 7*

Abtei	abbazịa
Akt	atto
Altar	l'altare *m*
Altertum	antichità
Altstadt	centro stọrico
Amphitheater	anfiteatro
antik	antico
Antike	antichità
Aquädukt	acquedotto
Aquarell	acquerello
Archäologie	archeologịa
Architekt	architetto
Architektur	architettura
Arena	arena
Ausgrabungen	gli scavi
Ausstellung	mostra, l'esposizione *f*
Balustrade	balaustra
Barock/barock	barocco
Basilika	basịlica
Bauwerk	edifịcio, la costruzione
Benediktiner	benedettino
Besichtigung	vịsita
Bibliothek	biblioteca
Bild	quadro
~hauer	lo scultore
Bischofssitz	episcọpio, vescovado
Blütezeit	perịodo ạureo
Bogen	arco
Rund~	arco a tutto sesto
Spitz~	arco ogivale
~gang	arcata
Brauchtum	gli usi e i costumi
Bronze	bronzo
~zeit	età del bronzo
Brücke	il ponte
Brunnen	fontana
Burg	fortezza
Bürgermeister/in	sịndaco
Büste	busto
byzantinisch	bizzantino

Chor	coro
~gestühl	stallo
~umgang	deambulatọrio
Christ	cristiano
Christentum	cristianẹsimo
Dach	tetto
Decke	soffitto
Deckenmalerei	pittura del soffitto
Denkmal	monumento
~schutz	tutela dei monumenti
Design	il design
Dom	duọmo
dorisch	dọrico
Dynastie	dinastịa
Einfluß	influenza
Empore	matronẹo
Epoche	ẹpoca
Erker	il bay-window
etruskisch	etrusco
Exponat	pezzo d'esposizione
Fassade	facciata
Fenster	finestra
Festung	fortezza
Flügel	ala
Forum	foro
Foto|grafie	fotografịa
~montage	fotomontạggio
Franziskaner	francescano
Fremdenführer	guida turistica, il cicerone
Fresko	affresco
Friedhof	cimitero
Fries	frẹgio
frühchristlich	protocristiano
Führung	vịsita guidata
Fundament	le fondamenta
Funde	i reperti archeolọgici
Galerie	gallerịa (d'arte)
Gebäude	edifịcio
Geburtsstadt	città natale
Gedenkstätte	monumento commemorativo
Geistlicher	il sacerdote, il prete
Gemälde	dipinto
~sammlung	raccolta di dipinti
Geschichte	stọria

Dom, Florenz

Gewölbe	volta
Giebel	ṭimpano
Glasmalerei	pittura su vetro, vetrocromịa
Glocke	campana
Gobelin	arazzo
Goldschmiedekunst	l'arte *f* ọrafa
Gotik	gọtico
Spät~	tardo gọtico
gotisch	gọtico
Gottesdienst	messa, la funzione sacra
Grab	tomba
~mal	monumento sepolcrale
~stein	la lạpide
Graphik	l'arte *f* grạfica
Griechen	i greci
griechisch	greco
Grundriß	la proiezione orizzontale
Handelsstadt	città commerciale
heidnisch	pagano
Hof	il cortile
Holz|schnitt	silografịa
~schnitzerei	intaglio in legno
Ikone	icona
Illustration	illustrazione *f*
Impressionismus	impressionismo

Innen|hof	cortile *m* interno
~stadt	centro
Inschrift	l'iscrizione *f*, l'epịgrafe *f*
Intarsien	gli intarsi
ionisch	iọnico
Jahrhundert	sẹcolo
Jude	ebrẹo
Kaiser/in	imperatore / imperatrice
Kanzel	pụlpito
Kapelle	cappella
Kapitell	capitello
Katakomben	le catacombe
Kathedrale	la cattedrale
Katholik	cattọlico
Keramik	cerạmica
Kirche	chiesa
Kirchturm	il campanile
Klassizismus	classicismo
Neo~	neoclassicismo
Kloster	convento, monastero
~kirche	chiesa conventuale
Konfession	la confessione, la religione
König/in	re / regina
Kopie	cọpia
korinthisch	corịnzio
Kreuz	la croce
~gang	chiostro
Kruzifix	crocifisso
Krypta	cripta
Kultstätte	luogo consacrato ad un culto
Kunstgewerbe	artigianato artịstico
Kupferstich	l'incisione *f* su rame, calcografịa
Kuppel	cụpola
~bau	la costruzione a cụpola
Landschaftsmalerei	pittura di paesaggi
Langhaus	navata
Leuchter	candelabro
Lithographie	litografịa
Maler/in	pittore / pittrice
Malerei	pittura
Manierismus	manierismo
manieristisch	manierịstico
Markt	mercato
~halle	mercato coperto

1

2

3

4

5

1 Milano, il Duomo
2 Pisa, la Torre
3 Alberobello (Puglia), i Trulli
4 Roma, il Colosseo
5 Venezia, S. Giorgio Maggiore

Marmor	marmo
Material	il materiale
Mauer	muro
Mausoleum	mausoleo
Mittelalter	Medioẹvo
mittelalterlich	medioevale
Mittelschiff	navata (centrale)
Modell	modello
modern	moderno
Mosaik	mosạico
Museum	musẹo
normannisch	normanno
Obelisk	obelisco
Odeon	l'ọdeon *m*
Ölmalerei	pittura ad olio
Oper	ọpera
Orden (*relig.*)	l'ọrdine *m*
Orgel	ọrgano
Original	l'originale *m*
Ornament	ornamento
Palast	palazzo
Pastell	pastello
Patrizierhaus	casa patrịzia
Pavillon	il padiglione
Pergament	pergamena
Pfeiler	pilastro
Strebe~	il contrafforte
Phönizier	i fenici
phönizisch	fenịcio
Pilger/in	pellegrino / pellegrina
Pilgerfahrt	pellegrinaggio
Plakat	manifesto
Plastik	scultura
Platz	piạzza
Plünderung	sacchẹggio
Portal	il portale
Porträt	ritratto
Porzellan	porcellana
Protestant	il/la protestante
Querschiff	transetto
Radierung	l'acquaforte *f*
Rathaus	municịpio
Realismus	realismo
Regierungsbau	palazzo del governo

rekonstruieren	ricostruire
Relief	rilievo
Religion	la religione
Renaissance	rinascimento
restaurieren	restaurare
Restaurierung	restạuro
Rokoko	rococò
Romanik	romanticismo
romanisch	romạnico
Römer	i romani
römisch	romano
Rosette	il rosone
Ruine	rovina
Ruinenstadt	città ridotta in rovine
Rundfahrt	giro
Sakristei	sagrestịa
Sandstein	pietra arenạria
Sarkophag	sarcọfago
Säule	colonna
Schatzkammer	tesorerịa
Schiff	la nave
Schloß	castello
Schnitzerei	intaglio
Schule	scuọla
Sehenswürdigkeiten	le cose da vedersi
Siebdruck	serigrafịa
Skulptur	scultura
Stadtmauer	le mura della città
Statue	stạtua
Staufer	gli Hohenstaufen
Steinzeit	età della pietra
Stele	la stele
Stil	lo stile
Stilleben	natura morta
Stuck	stucco
Surrealismus	surrealismo
Symbolismus	simbolismo
Tafelbild	dipinto su tavola
Taufbecken	il fonte battesimale
Tempel	tẹmpio
Teppich	tappeto
Terrakotta	terracotta
Theater	teạtro
Therme	le terme

Töpferei	l'arte *f* di vasạio
Tor	il portone
Torso	torso
Totenkult	culto dei morti
Triumphbogen	arco di trionfo
Trulli	i trulli
Turm	la torre
Tusche	inchiostro, china
Überreste	i resti
Universität	università
Vase	vaso
verbrennen	bruciare
Vierung	quadrato
Volkskundemuseum	museo di tradizioni popolari
vorgeschichtlich	preistọrico
Wachablösung	cạmbio della guạrdia
Wahrzeichen	l'emblema *m*
Wallfahrtskirche	santuạrio
Wandmalerei	pittura murale
Weberei	tessitura, indụstria tẹssile
Werk	ọpera
Früh~	ọpera giovanile
Spät~	ọpera dell'ụltimo perịodo
westgotisch	visigọtico
wiederaufbauen	ricostruire
Zeichnung	disegno
Zisterzienser	i cistercensi *pl*
Zitadelle	cittadella

Ausflüge

Gite

Kann man von hier aus … sehen?	Di qui si può vedere …?
In welcher Richtung liegt …?	In che direzione è situato/a …?
Kommen wir am/an … vorbei?	Passiamo da …?
Besichtigen wir auch …?	Si va anche a vedere …?

Wieviel freie Zeit haben wir in …?	Quanto tempo a disposizione abbiamo a …?
Wann fahren wir zurück?	Quando si parte per il viạggio di ritorno?
Wann werden wir zurück sein?	A che ora saremo di ritorno?

Ponte Vecchio, Florenz

Wortliste Ausflüge

Ausflug	gita
Aussichtspunkt	il belvedere
Bergdorf	villaggio di montagna
Botanischer Garten	giardino botanico
Fischereihafen	porto di pesca
Fischerort	il paese di pescatori
Freilichtmuseum	museo all'aperto
Freizeitpark	parco divertimenti
Gebirge	montagna
Grotte	grotta
Hinterland	il retroterra
Höhle	grotta, caverna
Höhlenwohnung	l'abitazione *f* troglodita
Inselrundfahrt	giro dell'isola
Klippe	scoglio
Land|schaft	paesaggio
~sitz	residenza di campagna

Lava	lava
Markt	mercato
Nationalpark	parco nazionale
Naturschutzgebiet	parco nazionale
Paß	passo
Planetarium	planetạrio
Platz	piạzza
Riff	scogliera
Rund|blick	vista panorạmica
~fahrt	giro
Schlucht	gola
See	lago
Sternwarte	osservatọrio astronọmico
Tagesausflug	gita di un giorno
Tal	la valle
Tropfsteinhöhle	grotta con stalattiti e stalagmiti
Umgebung	i dintorni
Vogelschutzgebiet	zona di protezione degli uccelli
Vorort	sobborgo
Vulkan	vulcano
Wald	bosco
~brand	incẹndio forestale
Wallfahrtsort	luogo di pellegrinaggio
Wasserfall	cascata
Wildreservat	riserva naturale
Zoo	lo zoo

Veranstaltungen/Unterhaltung

Manifestazioni/Divertimenti

Theater/Konzert/Kino — Teatro/Concerto/Cinema

Welches Stück wird heute abend (im Theater) gespielt?	Che cosa c'è al teạtro stasera?
Was läuft morgen abend im Kino?	Che cosa c'è al cịnema domani sera?

In den meisten italienischen Kinos haben die Vorstellungen keine festen Beginnzeiten, d. h. man kann jederzeit den Kinosaal betreten und dann so lange bleiben, bis man den ganzen Film gesehen hat. Da es nicht jedermanns Geschmack ist, von einem Film womöglich zuerst das Ende und dann erst den Anfang zu sehen, kann man sich an der Kasse nach dem nächsten Filmbeginn erkundigen.

Werden im Dom Konzerte veranstaltet?	Danno concerti in chiesa?
Können Sie mir ein gutes Theaterstück empfehlen?	Mi può consigliare una buona rappresentazịone teatrale?
Wann beginnt die Vorstellung?	Quando comịncia lo spettạcolo?
Wo bekommt man Karten?	Dove si prẹndono i biglietti?
Bitte zwei Karten für heute abend/morgen abend.	Due bigliẹtti per stasera/domani sera, per favore.
Bitte zwei Plätze zu ...	Per favore due biglietti da ... lire.
Zwei Erwachsene, ein Kind.	Due adulti e un bambino.
Kann ich bitte ein Programm haben?	Mi può dare un programma, per favore?
Wann ist die Vorstellung zu Ende?	Quando finisce lo spettạcolo?
Wo ist die Garderobe?	Dov'è il guardaroba?

Wortliste Theater/Konzert/Kino

Akt	atto
Aufführung	spettạcolo
Ballett	balletto
Begleitung	accompagnamento
Bühne	palcoscẹnico
Chor	coro
Dirigent	il direttore d'orchestra
Drama	il dramma
Eintrittskarte	biglietto
Festival	il fẹstival
Film	il film
~schauspieler/in	l'attore *m* / l'attrice *f* di cịnema
Freilufttheater	teatro all'aperto
Garderobe	il guardaroba
Inszenierung	messa in scena
Kabarett	il cabaret
Kasse	cassa
Kino	il cịnema
Freilicht~	il cịnema all'aperto
Kleinkunstbühne	il cabaret
Komödie	commẹdia
Komponist/in	compositore / componista
Konzert	concerto
Jazz~	concerto di jazz
Kammer~	concerto da cạmera
Kirchen~	concerto di mụsica sacra
Pop~	concerto di mụsica pop
Sinfonie~	concerto sinfọnico
Loge	palco
Musical	il musical, commẹdia musicale
Oper	ọpera
Operette	operetta
Opernglas	binọcolo
Orchester	orchestra
Originalfassung	la versione originale
Parkett	platẹa
Pause	intervallo
Premiere	prima
Programm	il programma
~heft	opụscolo del programma
Rang	gallerịa
Regie	regịa

Rolle	ruolo
Haupt~	ruolo principale
Sänger/in	il/la cantante
Schauspiel	teatro
Schauspieler/in	l'attore *m*/ l'attrice *f*
Singspiel	il singspiel
Solist/in	il/la solista
Spielplan	il programma
Tänzer/in	ballerino/a
Theaterstück	ọpera teatrale
Tragödie	tragẹdia
Untertitel	sottotịtolo
Variété	il varietà
Veranstaltungskalender	calendạrio delle manifestazioni
Volksstück	commẹdia popolare
Vorhang	tenda, sipạrio
Vorstellung	spettạcolo
Vorverkauf	prevẹndita
Zirkus	circo

Bar/Diskothek/ Nachtclub — Bar/Discoteca/Night-club

Welche typischen Abendveranstaltungen werden hier geboten?	Che manifestazioni tipiche hanno luogo qui la sera?
Gibt es hier eine gemütliche Kneipe?	C'è una trattoria accogliente da queste parti?
Wo kann man hier tanzen gehen?	Dove si può andare a ballare?
Ist dort ein eher junges oder älteres Publikum?	Com'è il pụbblico, giovane o meno?
Ist Abendgarderobe erwünscht?	È richiesto l'abito da sera?
Im Eintrittspreis ist ein Getränk enthalten.	Il biglietto d'ingresso comprende una consumazione.
Ein Bier, bitte.	Una birra, per favore.
Das gleiche noch einmal.	Un'altra/Un altro, per favore.

Diese Runde übernehme ich.	Stavolta offro io.
Wollen wir (noch einmal) tanzen?	Balliamo (ancora)?
Wollen wir noch einen Bummel machen?	Vogliamo fare una passeggiatina?

Wortliste Bar/Diskothek/Nachtclub

ausgehen	uscire
Band	complesso
Bar	il bar
Discjockey	il/la discjockey
Diskothek	discoteca
Folklore	il folclore
~abend	serata folcloṛistica
Kneipe	osteṛia, trattoria
Live-Musik	mụsica dal vivo
Modenschau	sfilata di moda
Nachtclub	il night-club
Show	lo show
Spiel|casino	casinò
~halle	sala giochi
tanzen	ballare
Tanz|kapelle	orchestra
~musik	musica da ballo
Türsteher	il portiẹre

7 Am Strand/Sport
Sulla spiaggia/Sport

Im Schwimmbad/Am Strand

In piscina/Sulla spiaggia

Gibt es hier ein …	C'è …
Freibad?	una piscina all'aperto?
Hallenbad?	una piscina coperta?
Thermalbad?	un bagno termale?

➧ *Aussprache siehe Seite 7*

Eine Eintrittskarte (mit Kabine), bitte.	Un biglietto d'ingresso (con cabina), per favore.
• Nur für Schwimmer!	Per soli nuotatori!
• Hineinspringen verboten!	Vietato tuffarsi!
• Baden verboten!	Vietato bagnarsi!
Ist der Strand sandig/steinig?	La spiaggia è di sạbbia/sassi?
Ist der Strand felsig?	Ci sono scogli?
Gibt es hier Seeigel/Quallen?	Ci sono ricci/meduse?
Wie weit darf man hinausschwimmen?	Fin dove si può nuotare?
Ist die Strömung stark?	È molto forte la corrente?
Ist es für Kinder gefährlich?	È pericoloso per i bambini?
Wann ist Ebbe/Flut?	Quando viene la basse/l'alta marea?
Ich möchte … mieten.	Vorrei noleggiare …
ein Boot	una barca.
ein Paar Wasserski	un pạio di sci nạutici.
Was kostet es pro Stunde/Tag?	Quanto costa all'ora/al giorno?

Sport

Sport

Welche Sportveranstaltungen gibt es hier?	Quali manifestazioni sportive ci sono qui?
Welche Sportmöglichkeiten gibt es hier?	Quali sport si possono praticare qui?
Gibt es hier einen Golfplatz/einen Tennisplatz/eine Pferderennbahn?	C'è un campo da golf/un campo da tennis/un ippọdromo?
Wo kann man hier angeln?	Dove si può pescare?
Ich möchte mir das Fußballspiel/das Pferderennen ansehen.	Vorrei vedere la partita di calcio/la corsa ịppica.
Wann/Wo findet es statt?	Quando/Dove ha luọgo?
Was kostet der Eintritt?	Quanto costa l'ingresso?
Gibt es in den Bergen gute Skipisten?	Sui monti, ci sono delle buone piste da sci?
Um wieviel Uhr ist die letzte Bergfahrt/Talfahrt der Kabinenbahn?	A che ora c'è l'ụltima salita a monte/discesa a valle della cabinovia?
Ich möchte eine Bergtour machen.	Vorrei fare una gita in montagna.
Können Sie mir eine interessante Route auf der Karte zeigen?	Mi può indicare un itinerạrio interessante sulla carta?
Wo kann ich … ausleihen?	Dove posso noleggiare …?
Ich möchte einen …kurs machen.	Vorrei fare un corso di …
Welchen Sport treiben Sie?	Che sport prạtica Lei?
Ich spiele …	Io gioco a …

Ich bin ein Fan von …	Sono appassionato di …
Ich gehe gern …	Mi piace andare …
Kann ich mitspielen?	Posso giocare anch'io?

Wortliste Strand/Sport

Aerobic	aerọbica
Aktivurlaub	vacanza attiva
Anfänger	il principiante
Angel	pescare
~schein	licenza di pesca
Ausritt	cavalcata
Bade|bucht	insenatura ideale per bagnanti
~meister	bagnino
~steg	passerella per bagnanti
~tuch	telo da bagno
Badminton	il badminton, gioco del volano
Ball	palla
Basketball	il Basketball, pallacanestro
Berg|station	la stazione a monte
~steigen	alpinismo
Boccia	(gioco delle) bocce
Bootsverleih	nolẹggio di barche
Bowling	il bowling
Doppel	doppio
drachenfliegen	praticare lo sport del deltaplano
Drachenflieger	il/la deltaplanista
Düne	duna
Dusche	dọccia
Eintrittskarte	biglietto d'ingresso
Einzel	singolo
Eis|bahn	pista per pattinạggio su ghiaccio
~hockey	l'hockey su ghiaccio *m*
~kunstlauf	pattinạggio artịstico
~lauf	pattinạggio su ghiaccio
Ergebnis	risultato
Fallschirmspringen	paracadutismo
Federball	volano
Fitneßcenter	centro ginnico
FKK-Strand	spiạggia per nudisti
Fortgeschrittener	progredito, non principiante
Freibad	piscina all'aperto

Küste am Gargano

Fußball *(Spiel)*	cạlcio
~mannschaft	squadra di cạlcio
~platz	campo da giọco (del cạlcio)
~spiel	partita di cạlcio
gewinnen	vịncere
Golf	il golf
~schläger	mazza da golf
Gymnastik	ginnạstica
Halbzeit	primo/secondo tempo
Handball	palla a mano
Hochseefischen	pesca d'alto mare
Jazztanz	danza jazz
joggen	fare jogging
Jogging	il jogging
Judo	judo
Kanadier	canoa canadese
Kanu	canoa
Karate	il karatè
Kasse	cassa
Kegeln	giọco dei birilli
Kiesel	ciottolo
~strand	ciottolo
Konditionstraining	allenamento per migliorare la forma
Kurs	*(Fahrtrichtung)* rotta
	(Lehrgang) corso
Langlauf	lo sci di fondo

Leichtathletik	atlẹtica leggera
Liege|stuhl	sedia a sdrạio
~wiese	prato per sdraiarsi
Loipe	pista di fondo
Luftmatratze	materasso pneumạtico
Mannschaft	squadra
Meerwasser-Schwimm-bad	piscina d'acqua salata
Meisterschaft	campionato
Minigolf	il minigolf
Mittelstation	la stazione a mezza quota
Motor|boot	motoscafo
~sport	motociclismo
Netz	la rete
Nichtschwimmer	non nuotatore
Niederlage	sconfitta
Paddelboot	canoa
Paragliding	il paragliding
Pfeilwerfen	tiro a segno con i dardi
Pferd	cavallo
Pferderennen	corsa di cavalli
Polo	polo
Privatstrand	spiaggia privata
Programm	il programma
radfahren	andare in bicicletta
Rad|rennen	corsa ciclịstica
~sport	ciclismo
~tour	gita in bicicletta
Rafting	il rafting
Regatta	regata
reiten	cavalcare
Reitsport	l'equitazione *f;* ịppica
Rennen	corsa
Ringkampf	lotta
Rodel	slitta
rodeln	andare in slitta
Ruderboot	barca a remi
Rudern	canottaggio
Rugby	rugby
Sand	sabbia
Sauna	sauna
Schiedsrichter	ạrbitro
Schläger	racchetta
Schlauchboot	canotto pneumạtico

Schlepplift	sciovia, lo ski-lift
Schlitten	slitta
~fahren	andare in slitta
Schlittschuhe	i pattini
Schnorchel	il respiratore di superfịcie
Schwimmbad	piscina
Schwimmen	nuọto
Schwimmer	il nuotatore
Schwimm|flossen	le pinne
~flügel *pl*	i bracciali salvagente
~ring	il salvagente
Segel|boot	barca a vela
~fliegen	volo a vela
Segeln	vela
Seilbahn	funivia, la funicolare
Sessellift	seggiovia
Sieg	vittọria
Skateboard	lo skate-board
Ski	lo sci
~ alpin	lo sci alpino
~bindung	attacco
~brille	gli occhiali da sci
~kurs	corso di sci
~laufen	sciare
~lehrer	maestro di sci
~stöcke	i bastoni da sci
Solarium	solario
Sonnenschirm	l'ombrellone *m*
Spiel	partita
Sportler/in	sportivo/sportiva
Sportplatz	campo sportivo
Sprungbrett	trampolino
Squash	lo squash
Start	partenza
Strandbad	stabilimento balneare
Surfbrett	tavoletta per il surf
surfen	praticare il surfing
Tagespaß	(abbonamento) giornaliero
Talstation	la stazione a valle
tauchen	nuotare sott'acqua
Taucher|ausrüstung	attrezzatura da palombaro
~brille	gli occhiali da immersione
Tennis	il tennis
~schläger	racchetta

Tischtennis	il ping-pong
Tor	porta, il goal
~wart	il portiere
Trainerstunde	allenamento
Tretboot	pattino a pedali
Turnen	ginnạstica
unentschieden	pari
verlieren	pẹrdere
Volleyball	la pallavolo
wandern	camminare
Wander|sport	escursionismo
~weg	sentiero per escursioni
Wasserball	pallanuoto
Wellenreiten	il surf
Wettkampf	gara
Whirlpool	vasca per cura idroterạpica
Windschirm	frangivento
Wochenpaß	abbonamento settimanale

8 Einkaufen/Geschäfte
Facendo la spesa/Negozi

Fragen/Preise

Domande/Prezzi

Öffnungszeiten	orari d'apertura
offen/geschlossen/Betriebsferien	aperto/chiuso/chiuso per ferie
Wo finde ich … ?	Dove si può trovare …?
Können Sie mir ein … geschäft empfehlen?	Mi può indicare un negozio di …?
● Werden Sie schon bedient?	La servono già?
Danke, ich sehe mich nur um.	Grazie, vorrei solo dare un'occhiata.
Ich möchte …	Vorrei …
Haben Sie …?	Ha …?
Zeigen Sie mir bitte …	Mi mostri per favore …
Geben Sie mir bitte …	Mi dia per favore …
Bitte … ein Paar … ein Stück …	Per favore, … un paio di … un pezzo di …
Können Sie mir bitte ein anderes/eine(n) andere(n) … zeigen?	Per favore mi può mostrare un altro/un'altra …?
Haben Sie auch etwas Billigeres?	Ha qualcosa di meno caro?
Das gefällt mir. Ich nehme es.	Mi piace. Lo prendo.
Wieviel kostet es?	Quanto costa?
Nehmen Sie … deutsches Geld? Euroschecks? Kreditkarten? Reiseschecks?	Accetta … denaro tedesco? eurocheques? carte di credito? assegni turistici, traveller's Cheques?
Können Sie es mir einpacken?	Me lo può incartare?
Ich möchte dies umtauschen.	Lo vorrei cambiare.

Rechnungen und Kassenzettel, die man in Restaurants, Bars, Kinos, Friseursalons und Läden bekommt, sind sorgfältig aufzuheben und bei Kontrolle durch Finanzbeamte vorzuzeigen. Solche Kontrollen können im Umkreis von 100 m ab Ausstellungsort stattfinden. Es ist also sehr wichtig, immer eine Rechnung zu verlangen und aufzubewahren.

Wortliste Geschäfte

Antiquariat	antiquariato
Antiquitätengeschäft	negọzio di antichità
Apotheke	farmacịa
Bäckerei	panifịcio
Bazar	il bazar
Bioladen	negozio di prodotti biodinạmici
Blumengeschäft	fiorạio
Bootsbedarf	attrezzatura nautica
Boutique	la boutique
Buchhandlung	librerịa
Drogerie	profumerịa
Eisenwarengeschäft	negọzio di ferramenta
Elektrohandlung	l'elettricista *m*
Feinkostgeschäft	negozio di specialità gastronọmiche
Fischgeschäft	pescherịa
Flohmarkt	mercato delle pulci
Fotoartikel	gli artịcoli fotogrạfici
Friseur	il parrucchiẹre
Gemüsehändler	erbivẹndolo
Haushaltswarengeschäft	negozio di casalinghi
Juwelier	gioiellerịa
Käserei	caseifịcio
Kaufhaus	i grandi magazzini
Konditorei	pasticcerịa
Kosmetiksalon	il salone di bellezza
Kunstgewerbe	artigianato artịstico, arti decorative
Kunsthändler	il commerciante in oggetti d'arte
Lebensmittelgeschäft	negọzio di generi alimentari
Lederwarengeschäft	pelletterịa
Markt	mercato
Metzgerei	macellerịa
Milchgeschäft	latterịa
Möbelgeschäft	(negọzio di) mọbili
Musikgeschäft	negọzio di artịcoli musicali
Obsthandlung	fruttivẹndolo

Optiker	ọttico
Parfümerie	profumerịa
Pelzgeschäft	pelliccerịa
Reformhaus	negozio di prodotti dietẹtici
Reinigung, chemische	lavanderịa a secco, tintorịa
Reiseandenken	i souvenirs
Reisebüro	agenzịa viạggi
Schallplattengeschäft	negọzio di dischi
Schneider/in	sarto/sarta
Schreibwarengeschäft	cartolerịa
Schuhgeschäft	negọzio di calzature
Schuhmacher	calzolạio
Secondhand-Laden	negozio dell'usato
Selbstbedienungsladen	il self-service
Spielwarengeschäft	negọzio di giocạttoli
Spirituosengeschäft	rivẹndita di prodotti alcọlici, bottiglierịa
Sportartikel	gli artịcoli sportivi
Supermarkt	supermercato
Tabakladen	tabaccạio
Trödler	il rigattiere
Uhrmacher	orologiạio
Wäscherei	lavanderia
Waschsalon	lavanderịa a gettone
Weinhandlung	fiaschetterịa
Zeitungshändler	giornalạio

Lebensmittel

Gẹneri alimentari

● Was darf es sein?	Cosa desidera?
Geben Sie mir bitte …	Mi dịa …, per favore.
ein Kilo …	un chilo di …
100 Gramm …	un etto di …
10 Scheiben …	10 fette di …
ein Stück von …	un pezzo di …
eine Packung …	un pacco di …
ein Glas …	un bicchiere di …
eine Dose …	una scatola di …
eine Flasche …	una bottịglia di …
eine Einkaufstüte.	un sacchetto, una sportina.
● Darf es auch etwas mehr sein?	È un po' di più, è lo stesso?

● Darf es sonst noch etwas sein?	Altro?
Dürfte ich vielleicht etwas hiervon probieren?	Ne posso assaggiare un po’?
Danke, das ist alles.	Nient’altro, grazie.

Wortliste Lebensmittel

Aal	anguilla
Ananas	l’ananas *m*
Äpfel	le mele
Apfelsinen	le arance
Aprikosen	le albicocche
Artischocken	i carciofi
Auberginen	le melanzane
Aufschnitt	affettato misto
Austern	le ọstriche
Avocado	l’avocado *m*
Bananen	le banane
Barsch	il pesce pẹrsico
Basilikum	basịlico
Bier	birra
alkoholfreies ~	birra analcọlica
Birnen	le pere
Blumenkohl	il cavolfiore
Bohnen	i fagioli
grüne ~	i fagiolini
weiße ~	i fagioli bianchi
Brombeeren	le more
Brot	il pane
Grau~	il pane misto di sẹgala e frumento
Schwarz~	il pane nero
Weiß~	il pane bianco
Brötchen	panino
belegte~	i panini imbottiti
süße~	i maritozzi
Butter	burro
~milch	il latte battuto
Champagner	il champagne
Chicoree	indịvia del Belgio
Datteln	i dạtteri
Dickmilch	il latte cagliato

Eier	le uọva
~ von freilaufenden Hühnern	le uova di galline ruspanti
Eis	gelato
Erbsen	i piselli
Kicher~	i ceci
Erdbeeren	le fragole
Essig	aceto
Feigen	i fichi
Fenchel	finọcchio
Fisch	il pesce
Fleisch	la carne
~wurst	salsịccia
frisch	fresco
Garnelen	i gamberetti
Gebäck	i biscotti
Gemüse	verdura
~ aus Eigenanbau	verdura di coltivazione propria
gespritzt	trattato con anticrittogạmici
Goldbrasse	orata
Grieß	semolino
Gulasch	spezzatino
Gurke	cetriọlo
Hackfleisch	la carne tritata
Haferflocken	i fiocchi d'avena
Hähnchen	pollo
Hammelfleisch	la carne di montone/castrato
Hering	aringha
Honig	il mịele
~kuchen	panpepato
Joghurt	lo iọgurt
Kaffee	il caffè
Kalbfleisch	la carne di vitello
Kaninchen	conịglio
Karotten	le carote
Kartoffeln	le patate
Käse	formạggio
Camembert	il Camembert
Weich~	formạggio molle
Ziegen~	formạggio di capra
Kastanien	le castagne
Kekse	i biscotti
Kindernahrung	l'alimentazione *f* infantile
Kirschen	le ciliegie

Knoblauch	ạglio
Kohl	cạvolo
Kokosnuß	la noce di cocco
Konserven	le conserve, lo scatolame
Kotelett	costoletta
Krabben	i granchi
Kuchen	torta, il dolce
Kürbis	zucca
Lakritze	liquirịzia
Lammfleisch	la carne d'agnello
Lauch	porro
Leber|pastete	pastịccio di fegato
~wurst	salsiccia di fegato
Limonade	limonata
Linsen	le lentịcchie
Mais	il mais, granturco
Makrele	sgombro
Mandarine	mandarino
Mandeln	le mạndorle
Margarine	margarina
Marmelade	marmellata
Maulbeeren	le more di gelso
Mayonnaise	la maionese
Mehl	farina
Melone	*(Honig~)* melone
	(Wasser~) cocomero, angụria
Miesmuscheln	i mịtili, le cozze
Milch	il latte
fettarme ~	il latte magro
Mineralwasser	acqua minerale
Muscheln *(Venus~)*	le vọngole

Müsli	pappa di fiocchi d'avena
Nudeln	pasta
Spaghetti	gli spaghetti
Nüsse	le noci
Obst	la frutta
Öl	ọlio
Oliven	le olive
Orangeade	aranciạta
Orangensaft	succo d'ạrancia
Oregano	orịgano
Pampelmuse	pompelmo
Paprika	*(Gemüse)* il peperone *(Gewürz)* pạprica
Peperoni	i peperoncini
Petersilie	prezzẹmolo
Pfeffer	il pepe
Pfirsiche	le pesche
Pflaumen	le prugne
Quark	latticino di latte cagliato
Rauchfleisch	la carne affumicata
Reis	riso
Rindfleisch	la carne di manzo
Rosine	uva passa
Safran	zafferano
Sahne	panna
saure ~	panna ạcida
Schlag~	panna montata
süße ~	panna dolce
Salami	il salame
Salat	insalata
Kopf~	insalata verde, lattuga
Salz	il sale
Schinken	prosciutto
gekochter ~	prosciutto cotto
roher ~	prosciutto crudo
Schokolade	cioccolata
Schokoriegel	dolcetto di cioccolata
Schweinefleisch	la carne di maiale
Schwertfisch	il pesce spada
Seezunge	sọgliola
Sellerie	sẹdano
Senf	la sẹnape
Spargel	gli aspạragi
Spinat	gli spinacci

Suppe	minestra
Süßigkeiten	i dolciụmi
Tee	il tè
~beutel	bustina di tè
Thunfisch	tonno
Thymian	timo
Tintenfisch	sẹppia
Toast	il toast
Tomaten	i pomodori
Waffeln	le cialde
Wein	vino
Rot~	vino rosso
Weiß~	vino bianco
alkoholfreier ~	vino analcolico
Weintrauben	l'uva *f*
Wurst	il salume
Würstchen	le salsicce
Ziegenfleisch	la carne di capra
Zitrone	il limone
Zucchini	gli zucchini
Zucker	zụcchero
Zwiebel	cipolla

Drogerieartikel

Articoli di profumerịa

Wortliste Drogerieartikel

Augenbrauenstift	il lapis per sopraccịglia
Bürste	spạzzola
Creme	crema
~ für trockene/normale/fettige Haut	crema per pelle secca/normale/grassa
Feuchtigkeits~	crema idratante
Hand~	crema per le mani
Damenbinden	gli assorbenti
Deo(dorant)	il deodorante
Duschgel	il gel per la dọccia
Erfrischungstücher	i fazzolettini rinfrescanti
Eyeliner	l'eye-liner *m*
Fleckenwasser	lo smacchiatore

Haar|bürste	spạzzola per i capelli
~entferner	crema depilatọria
~festiger	la frizione
~gel	il gel per capelli
~gummi	elastico per capelli
~klammern	le mollette (per capelli)
~spray	lacca
~waschmittel	lo shạmpoo
~~ für fettiges/normales/trockenes Haar	lo shampoo per capelli grassi/normali/secchi
~~ gegen Schuppen	lo shampoo contro la fọrfora
Kamm	il pẹttine
Kleiderbürste	spạzzola per vestiti
Kölnisch Wasser	acqua di Colọnia
Körpermilch	il latte per il corpo
Lichtschutzfaktor	il fattore protettivo
Lidschatten	ombretto
Lippenstift	rossetto
Lockenwickler	i bigodini
Mundwasser	collutorio
Nagel|bürste	spazzolino per le ụnghie
~feile	limetta
~lack	smalto
~lackentferner	l'acetone *m*, il solvente per smalto
~schere	le forbici per le ụnghie
Papiertaschentücher	i fazzoletti di carta
Parfüm	profumo
Pflaster	cerotto
Pinzette	le pinzette
Präservativ	preservativo
Puder	*(Gesicht)* cipria *(Streupuder)* borotalco
Rasier|apparat	rasọio (elẹttrico)
~klinge	la lạmetta
~pinsel	pennello da barba
~seife	il sapone da barba
~wasser	la lozione dopobarba
Reinigungsmilch	il latte detergente
Reisenecessaire	il necessaire da viạggio
Rouge	il rouge
Saugflasche	il biberon
Schaumfestiger	schiuma (fissante)
Schnuller	ciụccio, succhietto
Schwamm	spugna

Seife	il sapone
Sicherheitsnadeln	spilla da balia
Sonnen|creme	crema solare
~öl	ọlio solare
Spiegel	spẹcchio
Spül|bürste	spazzolino per le stoviglie
~mittel	il perstoviglie
Tampons	i tamponi
Toilettenpapier	carta igiẹnica
Wasch|lappen	guanto di spugna, manọpola
~lotion	la lozione detergente
~mittel	detersivo
Watte	il cotone idrọfilo
~stäbchen	i bastoncini igiẹnici
Wimperntusche	il mascara
Windeln	i pannolini
Zahn|bürste	spazzolino da denti
~pasta	dentifricio

Tabakwaren

Tabacchi

Ein Päckchen/Eine Stange ... Zigaretten mit/ohne Filter, bitte.	Un pacchetto/Una stecca di ... con/senza filtro, per favore.
Haben Sie deutsche/amerikanische/Menthol-Zigaretten?	Ha delle sigarette tedesche/americane/al mentolo?
Welche Marke (leichter/starker Zigaretten) können Sie mir empfehlen?	Quale marca (di sigarette leggere/forti) mi consiglia?
Zehn Zigarren/Zigarillos, bitte.	Dieci sịgari/sigarillos, per favore.
Ein Päckchen/Eine Dose Zigaretten-/Pfeifentabak, bitte.	Un pacchetto/Una scạtola di tabacco per sigarette/ per la pipa, per favore.
Eine Schachtel Streichhölzer/Ein Feuerzeug, bitte.	Una scạtola di fiammịferi/Un accendino, per favore.

Kleidung/Lederwaren/Reinigung ▶ auch Kap. 1, Farben

Abbigliamento/Pelletterịa/Lavanderịa a secco

Können Sie mir … zeigen?	Mi può mostrare …?
● Denken Sie an eine bestimmte Farbe?	Che colore desịdera?
Ich möchte etwas in …	Vorrei qualcosa in …
Ich möchte etwas Passendes hierzu.	Vorrei qualcosa che vada bene con questo.
Kann ich es anprobieren?	Posso provarlo?
● Welche (Konfektions-) Größe haben Sie?	Che taglia porta?
Das ist mir zu … eng/weit. kurz/lang. klein/groß.	Questo mi è troppo … stretto/largo. corto/lungo. piccolo/grande.
Das paßt gut. Ich nehme es.	Va bene. Lo prendo.
Das ist nicht ganz, was ich möchte.	Non è proprio quello che volevo.
Ich möchte ein Paar …schuhe	Vorrei un paio di scarpe …
Ich habe Schuhgröße …	Ho il nụmero …
Sie drücken mich.	Mi fanno male.
Sie sind zu eng/weit.	Sono troppo strette/larghe.
Bitte noch eine Tube Schuhcreme/ein Paar Schnürsenkel.	Anche un lụcido da scarpe/un pạio di laccetti, per favore.
Ich möchte diese Schuhe neu besohlen lassen.	Vorrei far risolare queste scarpe.
Können Sie bitte die Absätze neu machen?	Può rifare i tacchi, per favore?

Ich möchte diese Sachen reinigen/waschen lassen.	Vorrei far lavare a secco/lavare questa roba.
Wann sind sie fertig?	Quando sarà pronta?

Wortliste Kleidung/Lederwaren/Reinigung

Abendkleid	ạbito da sera
Anorak	giacca a vento
Anzug	ạbito
Ärmel	mạnica
Bade|anzug	il costume da bagno
~hose	il costume da bagno
~mantel	accappatọio
~mütze	cụffia
~schuhe	le scarpe da bagno
Baumwolle	il cotone
Bikini	il bikịni
Blazer	il blazer
Bluse	camicetta
bügelfrei	non-stiro
bügeln	stirare
Büstenhalter	reggiseno
chemisch reinigen	lavare/pulire a secco
Druckknopf	(bottone) automạtico
Farbe	tinta, il colore
Fliege	il papillon, farfalla
Frottee	spugna
Futter	fọdera
gestreift	a righe
Gummistiefel	gli stivali di gomma
Gürtel	cintura
Halbschuhe	le scarpe basse
Halstuch	il foulard
Hand|schuhe	i guạnti
~tasche	borsa
Hausschuhe	le pantọfole
Hemd	camịcia
Hose	i pantaloni, i calzoni
kurze ~	i pantaloncini
Hut	cappello
Sonnen~	cappello da sole
Jacke	giạcca
Jeans	i jeans

Jogging|anzug	tuta da ginnạstica
~hose	i calzoni della tuta
kariert	a quadri
Kinderschuhe	le scarpe da bambini
Kleid	vestito
Kniestrümpfe	i calzettoni
Knopf	il bottone
Koffer	valịgia
Kostüm	il tailleur
Kragen	il colletto
Krawatte	cravatta
Kunstfaser	fibra sintẹtica
Leder|hose	i calzoni di pelle
~jacke	giạcca di pelle
~mantel	cappotto di pelle
Leinen	lino
Mantel	cappotto, soprạbito
Minirock	minigonna
Morgenrock	vestạglia
Mütze	berretto
Nachthemd	camịcia da notte
Overall	tuta
Pelz|jacke	giạcca di pellịccia
~mantel	pellịccia
pflegeleicht	prạtico
Pullover	il pullover, il maglione
Pyjama	il pigiạma
Regenmantel	l'impermeạbile *m*
Reisetasche	borsa da viạggio
Reißverschluß	chiusura lampo
Rock	gonna
Rucksack	zạino
Sakko	giạcca
Sandalen	i sạndali
Schal	lo scialle; sciarpa
Schirm	ombrello
Schuh|e	le scarpe
~bürste	spạzzola da scarpe
~creme	lụcido per scarpe
~größe	nụmero di scarpe
Seide	seta
Seiden|strümpfe	le calze di seta
~strumpfhose	il collạnt
Shorts	i pantaloncini, gli shorts

Skihose	i pantaloni da sci
Slip	lo slip
Socken	i calzini
Sohle	suọla
Sommerkleid	vestito estivo
Stiefel	gli stivali
Ski~	gli scarponi da sci
Strandschuhe	le scarpe da spiạggia
Strickjacke	giạcca di lana, il golf
Strümpfe	le calze
Strumpfhose	il collant, calzamạglia
Tasche	borsa
Taschentuch	fazzoletto
Trainingsanzug	tuta da ginnạstica
T-Shirt	maglietta
Turnschuhe	le scarpe da ginnạstica
Übergangsmantel	soprạbito
Umhängetasche	borsa a tracolla
Unter|hemd	mạglietta, canottiera
~hose	le mutande
~rock	la sottoveste
~wäsche	biancherịa ịntima
waschmaschinenfest	lavạbile in lavatrice
Weste	il golf, il gilè
Wildleder|jacke	giacca di pelle scamosciata
~mantel	soprabito di pelle scamosciata
Wolle	lana

Bücher und Schreibwaren

Libri e articoli di cartolerịa

Ich hätte gern …	Vorrei …
eine deutsche Zeitung.	un giornale tedesco.
eine Zeitschrift.	una rivista.
einen Reiseführer.	una guịda turịstica.

➧ *Aussprache siehe Seite 7*

Wortliste Bücher und Schreibwaren

Ansichtskarte	cartolina illustrata
Bleistift	matita
~spitzer	il temperamatite
Brief|marke	francobollo
~papier	carta da lẹttere
~umschlag	busta
Farbstift	matita colorata
Filzstift	pennarello
Füllfederhalter	penna stilogrạfica
Geschenkpapier	carta da regalo
Illustrierte	rivista, rotocalco
Klebstoff	colla
Kugelschreiber	la biro
Landkarte	carta geogrạfica
Malbuch	l'album *m* da colorare
Notiz|block	il blocco per appunti, bloc-notes
~buch	taccuịno
Papier	carta
Radiergummi	gomma
Roman	romanzo
Kriminal~	(romanzo) giallo
Spielkarten	carte da gioco
Stadtplan	pianta della città
Straßenkarte	carta automobilịstica
Taschenbuch	libro tascạbile
Tesafilm	lo scotch, nastro adesivo
Zeichenblock	album da disegno
Zeitschrift	periọdico
Zeitung	il giornale

Haushaltswaren

Articoli casalinghi

Wortliste Haushaltswaren

Abfallbeutel	sacco delle immondịzie
Alufolie	foglio di allumịnio
Besen	scopa
Brennspiritus	spirito industriale
Camping|stuhl	seggiola da campeggio
~tisch	tavolo da campeggio
Dosenöffner	l'apriscạtole *m*
Eimer	sẹcchio
Eßbesteck	le posate
Flaschenöffner	l'apribottiglie *m*
Frischhaltefolie	pellịcola (per la conservazione dei cibi)
Glas	il bicchiere
Grill	grịglia
~anzünder	il combustibile solido
~kohle	carbonella
Handfeger	scopetta
Kehrblech	paletta
Kerzen	le candele
Kochtopf	pẹntola
Korkenzieher	il cavatappi
Kühl|element	piastra refrigerante
~tasche	borsa frigo
Papierservietten	i tovagliolini di carta
Petroleum	petrọlio
Plastikbeutel	sacchetto di plastica
Sonnenschirm	l'ombrellone *m*
Taschenmesser	temperino, coltello tascạbile
Tauchsieder	il bollitore a immersione
Thermosflasche	il termos
Wäsche|klammern	molletta (per stẹndere la biancherịa)
~leine	corda per stendere il bucato
Windschirm	frangivento

Elektro- und Fotoartikel

Artịcoli elẹttrici e fotogrạfici

Ich möchte …	Vorrei …
einen Film für diesen Fotoapparat.	una pellịcola per questa mạcchina.
einen Farbfilm (für Dias).	una pellịcola a colori (per diapositive).
einen Film mit 36/20/12 Aufnahmen.	una pellịcola da 36/20/12.
Könnten Sie mir bitte den Film einlegen?	Mi può inserire la pellịcola, per favore?
Würden Sie mir bitte diesen Film entwickeln?	Mi potrebbe sviluppare questa pellicola, per favore?
Bitte machen Sie mir je einen Abzug von diesen Negativen.	Una foto di ciascuna di queste negative, per favore.
● Welches Format bitte?	Che formato?
Sieben mal zehn./Neun mal neun.	Sette per dieci./Nove per nove.
● Wünschen Sie Hochglanz oder Seidenglanz?	Lụcido o opaco?
Wann kann ich die Bilder abholen?	Quando posso venire a prẹndere le foto?
Der Sucher/Der Auslöser funktioniert nicht.	Il mirino/Lo scatto non funziona.
Das ist kaputt. Können Sie es bitte reparieren?	Questo non funziona, me lo può riparare per favore?

Wortliste Elektro- und Fotoartikel

Adapter	l'adattatore *m*
Auslöser	scatto
Batterie	batteria
Belichtungsmesser	esposịmetro
Blende	il diaframma
Blitz|gerät	il flash
~würfel	il cuboflash
Camcorder	videocạmera

CD, Compactdisc	il CD, il compact disc
Film|empfindlichkeit	sensibilità del film
~kamera	cinepresa
~transport	trascinamento della pellicola
Fön	il föhn
Glühbirne	lampadina (ad incandescenza)
Kassette	cassetta, il caricatore
Kassetten|film	videofilm *m*
~rekorder	il registratore a cassetta
Kopfhörer	cuffia
Lautsprecher	l'altoparlante *m*
Linse	la lente
Objektiv	obiettivo
Paßbild	fotografia formato tessera
Schallplatte	disco
Schwarzweiß-Film	pellịcola in bianco e nero
Selbstauslöser	autoscatto
Stativ	il treppiedi
Stecker	spina
Sucher	mirino
Super-8-Film	il film super-8
Taschen|lampe	lampadina tascạbile
~rechner	il calcolatore tascạbile
Teleobjektiv	teleobiettivo
Verlängerungsschnur	cavo di prolungamento, prolunga
Verschluß	l'otturatore *m*
Video|film	il videofilm
~kamera	videocạmera
~kassette	videocassetta
~rekorder	il videoregistratore
Walkman	il walkman

Beim Optiker

Dall'ọttico

Würden Sie mir bitte diese Brille/das Gestell reparieren?	Mi potrebbe aggiustare, questi occhiali/la montatura, per favore?
Mir ist ein Glas meiner Brille zerbrochen.	Mi si è rotta una lente degli occhiạli.
Ich bin kurzsichtig/weitsichtig.	Sono mịope/prẹsbite.

• Wie ist Ihre Sehstärke?	Che capacità visiva ha?
rechts plus/minus …, links …	destra più/meno …, sinistra …
Wann kann ich die Brille abholen?	Quando posso venire a prẹndere gli occhiạli?
Ich brauche … Aufbewahrungslösung Reinigungslösung für harte/weiche Kontaktlinsen.	Ho bisogno di … soluzione per la conservazione soluzione detergente per lenti a contatto rigide/morbide.
Ich suche … eine Sonnenbrille. ein Fernglas.	Vorrei … un paio di occhiạli da sole. un cannocchiạle.

Beim Uhrmacher/Juwelier

Dall'orologiaio/Dal gioielliere

Meine Uhr geht nicht mehr. Können Sie mal nachsehen?	Il mio orolọgio non va più. Potrebbe darci un'occhiata?
Ich möchte ein hübsches Andenken/Geschenk.	Vorrei un bel ricordo/regalo.
• Wieviel wollen Sie ausgeben?	Quanto vuole spẹndere?
Ich möchte etwas nicht zu Teures.	Vorrei qualcosa di non troppo caro.

Wortliste Uhrmacher/Juwelier

Anhänger	ciọndolo
Arm|band	braccialetto
~banduhr	orolọgio da polso
Brosche	spilla
Gold	oro
Kette	collana, catena
Koralle	corallo
Kristall	cristallo
Ohrringe	gli orecchini
Perle	perla
Ring	anello

Schmuck	gioiẹllo
Silber	argento
Türkis	il turchese

Beim Friseur

Dal parrucchiẹre

Kann ich mich für morgen anmelden?	Posso prẹndere un appuntamento per domani?
● Wie hätten Sie gern Ihr Haar?	Come desịdera i capelli?
Waschen und fönen/legen, bitte.	Shampoo e föhn/messa in piega.
Schneiden mit/ohne Waschen, bitte.	Tagliare e/senza lavare, per favore.
Ich möchte …	Vorrei …
eine Dauerwelle.	una permanente.
mir die Haare färben lassen.	farmi tịngere i capelli.
mir die Haare tönen lassen.	un rifiessante.
mir Strähnchen färben lassen.	farmi le mèche.
Lassen Sie es bitte lang.	Li lasci lunghi, per favore.
Nur die Spitzen.	Solo le punte.
Nicht zu kurz/Ganz kurz/Etwas kürzer, bitte.	Non troppo corti/Molto corti/Un po' più corti, per favore.
Bitte hinten/vorn/oben/an den Seiten (noch) etwas wegnehmen.	Tagli un po'di diẹtro/davanti/sopra/ai lati.
Die Ohren sollen frei sein/bedeckt bleiben.	Le orẹcchie devono essere scoperte/coperte.
Den Scheitel links/rechts, bitte.	Fạccia la riga a sinistra/a destra, per favore.
Einen Messerschnitt, bitte.	Taglio col rasọio, per favore.
Bitte etwas toupieren.	Me li cotoni, per favore.
Bitte kein/nur wenig Haarspray.	Niente lacca/Poca lacca, per favore.

Rasieren, bitte.	La barba, per favore.
Stutzen Sie mir bitte den Bart.	Mi spunti la barba, per favore.
Können Sie mir Maniküre machen?	Mi può fare le mani?
Vielen Dank. So ist es gut.	Grazie. Va bene così.

Wortliste Friseur

Augenbrauen	le sopraccịglia
~ zupfen	corrẹggere le sopracciglia
Bart	barba
blond	biondo
Dauerwelle	la permanente
färben	tịngere
fönen	asciugare con il föhn
frisieren	pettinare
Frisur	pettinatura
Haar	i capelli
fettiges ~	i capelli grassi
trockenes ~	i capelli secchi
Haar|ausfall	caduta dei capelli
~kur	trattamento curativo per capelli
~schnitt	tạglio
~spray	lacca
~teil	il toupet
kämmen	pettinare
Koteletten	le basette
legen	mẹttere in piega
Locken	i ricci
~wickler	i bigodini
Perücke	parrucca
Pony	frangetta
sich rasieren lassen	farsi fare la barba
Scheitel	riga
Schnurrbart	i baffi
Schuppen	fọrfora
Shampoo	lo shampoo
Stufenschnitt	taglio scalato
stutzen	tagliare, spuntare
tönen	tịngere
Wasserwelle	messa in piega

9 Allgemeine Dienste
I servizi

Geldangelegenheiten

Questioni di denaro

Wo ist bitte eine Bank/ eine Wechselstube?	Scusi, dove posso trovare una banca/ un'agenzịa di cambio?
Wann öffnet/schließt die Bank?	Quando apre/chiude la banca?
Ich möchte DM (Schilling, Schweizer Franken) in Lire umwechseln.	Vorrei cambiare questi marchi (scellini, franchi svịzzeri) in Lire.
Wie ist heute der Wechselkurs?	Quant'è oggi il cạmbio?
Wieviel Lire bekomme ich für 100 DM?	A quante lire corrispọndono 100 DM?
Ich möchte diesen Reisescheck/diesen Euroscheck/diese Postanweisung einlösen.	Vorrei riscuọtere questo traveller's-chèque/eurocheque/vạglia postale.
Auf welchen Betrag darf ich den Scheck maximal ausstellen?	Qual è l'importo massimo per la riscossione dell'assegno?
• Ihre Scheckkarte, bitte.	La carta assegni, per favore.
• Darf ich bitte Ihren Paß/ Ausweis sehen?	Posso vedere il Suo passaporto/la Sua carta d'identità?
• Würden Sie bitte hier unterschreiben?	Firmi qui, per favore.
Ich möchte ...DM/Lire von meinem Konto/Postsparbuch abheben.	Vorrei prelevare ...DM/lire dal mio conto/dal mio libretto postale di rispạrmio.
Ist Geld auf mein Konto/ für mich überwiesen worden?	Sono stati versati soldi sul mio conto/ per me?
• Gehen Sie bitte zur Kasse.	Si accomodi alla cassa, per favore.
• Wie wollen Sie das Geld haben?	Che tagli preferisce?

Bitte nur Scheine.	Solo banconote, per favore.
Auch etwas Kleingeld.	Anche banconote di pịccolo tạglio e spịccioli.
Geben Sie mir bitte drei 1000-Lire-Scheine und den Rest in Kleingeld.	Mi dia tre banconote da 1000 lire e il resto in spịccioli, per favore.
Ich habe meine Reiseschecks verloren. Was muß ich tun?	Ho perso i miei traveller's chèque. Che cosa devo fare ora?

Wortliste Geldangelegenheiten

abheben	ritirare
auszahlen	pagare
Bank	banca
~konto	conto bancario
~leitzahl	numero guida bancạrio
bar	in contanti
Bargeld	i contanti
Betrag	importo
Devisen	le divise ẹstere
D-Mark	marco tedesco
einzahlen	versare
Euroscheck	l'eurocheque *m*
Formular	mọdulo
Geheimzahl	numero segreto
Geld	denaro
~automat	cassa automạtica prelievi, il bancomat, sportello automatico
~anweisung	il vaglia, assegno
~schein	banconota
~wechsel	cạmbio
Kleingeld	gli spịccioli, moneta
Konto	conto
Kreditkarte	carta di crẹdito
Kurs	cạmbio
Münze	moneta
Post|anweisung	il vạglia postale
~sparbuch	libretto postale di rispạrmio
~sparkasse	cassa di rispạrmio postale

100000 LIRE CENTOMILA
PAGABILI A VISTA AL PORTATORE
BANCA D'ITALIA
RC 446339 R
50000 LIRE CINQUANTAMILA
PAGABILI A VISTA AL PORTATORE
BANCA D'ITALIA
10000 LIRE DIECIMILA
BANCA D'ITALIA
MC 265527 F
5000 LIRE CINQUEMILA
WB 493640 G
BANCA D'ITALIA
WB 493640 G
2000 LIRE DUEMILA
PAGABILI A VISTA AL PORTATORE
AA 147969 B
BANCA D'ITALIA
AA 147969 B
1000 LIRE MILLE
VA 616526 E
BANCA D'ITALIA
VA 616526 E

Provision	la provvigione
Quittung	ricevuta
Reisescheck	assegno turịstico, il traveller's chèque
Rückzahlungskarte *(Post)*	bollettino di rimborso
Schalter	sportello
Scheck	assegno
einen ~ ausstellen	rilasciạre un assegno
einen ~ einlösen	riscuọtere un assegno
~buch	libretto degli assegni
~gebühr	tassa d'emissione
~karte	carta assegni
Schilling	scellino austrịaco
Schweizer Franken	franco svịzzero
Spar|buch	libretto di rispạrmio
~kasse	cassa di rispạrmio
~konto	conto di rispạrmio
Überweisung	rimessa, trasferimento
telegrafische ~	vạglia telegrạfico
umtauschen	cambiạre
unterschreiben	firmare
Unterschrift	firma
Währung	valuta
Wechsel|kurs	corso dei cambi
~stube	agenzia di cạmbio
zahlen	pagare
Zahlkarte	mọdulo di versamento
Zahlung	pagamento
Zahlungsanweisung	mandato di pagamento

Auf der Post

All'uffịcio postale

Wo ist das nächste Postamt/der nächste Briefkasten?	Per favore, dov'è l'uffịcio postale più vicino/la cassetta postale più vicina?
Was kostet ein Brief/eine Postkarte …	Quanto costa una lẹttera/una cartolina illustrata per …
nach Deutschland?	la Germạnia?
nach Österreich?	l'Ạustria?
in die Schweiz?	la Svịzzera?

Drei Briefmarken zu … Lire, bitte.	Tre francobolli da … lire, per favore.
Diesen Brief bitte per … Einschreiben. Luftpost. Express.	Questa lettera …, per favore. raccomandata posta aẹrea per espresso
Wie lange braucht ein Brief nach Deutschland?	Quanto tempo impiega una lettera per la Germania?
Kann ich bei Ihnen auch Sondermarken bekommen?	Ha anche delle emissioni speciali?
Diesen Satz/Je eine Marke, bitte.	Questa sẹrie/Un francobollo di ciascuna, per favore.

➧ *Aussprache siehe Seite 7*

Postlagernd — Fermo Posta

Ist Post für mich da? Mein Name ist …	C'è posta per me? Il mịo nome è …
• Nein, es ist nichts da.	No, non c'è niente.
• Ja, es ist etwas da. Ihren Ausweis, bitte.	Si, c'è qualcosa. Ha un documento, per favore?

Telegramme/Telefax — Telegrammi/Telefax

Ich möchte ein Telegramm aufgeben.	Vorrei spedire un telegramma.
Können Sie mir bitte beim Ausfüllen helfen?	Per favore, mi potrebbe aiutare a compilarlo?
Was kostet ein Wort?	Quanto costa a parola?
• Bis 10 Worte kostet es …, jedes weitere Wort …	Fino a 10 parole costa …, ogni ulteriore parola …
Kommt das Telegramm heute noch in … an?	Il telegramma arriverà oggi stesso a …?
Kann ich bei Ihnen ein Telefax nach … schicken?	Posso spedire di qui un telefax a …?

Wortliste Post

▶ auch Wortliste Geld

absenden	spedire
Absender	il mittente
Adresse	indirizzo
aufgeben	spedire
ausfüllen	compilare
Bestimmungsort	la destinazione
Brief	lẹttera
~kasten	cassetta postale
~marke	francobollo
~markenautomat	il distributore automạtico per francobolli
~träger/in	il/la portalẹttere
~umschlag	busta

Per la città
Stadt

Per tutte le altre destinazioni
Andere Bestimmungsorte

Drucksache	stampe *pl*
Eilbrief	espresso
Einschreibebrief	raccomandata
Empfänger	destinatạrio
Empfangsbestätigung	ricevuta di consegna/di scạrico
Formular	mọdulo
frankieren	affrancare
Gebühr	tariffa
Gewicht	peso
Hauptpostamt	posta centrale
Leerung	levata
Luftpost, mit	via aẹrea
Nachnahme, per	contr'assegno
nachsenden	recapitare

Päckchen	pacchetto
Paket	pacco
~karte	bollettino di spedizione dei pacchi postali
Porto	affrancatura
Post|amt	uffịcio postale
~karte	cartolina postale
~lagernd	fermo posta
~leitzahl	CAP (codice di avviamento postale)
Schalter	sportello
~stunden	orario per il pubblico
Sondermarke	l'emissione *f* speciale
Telefax	il telefax
Telegramm	il telegramma
Telex	il telex
Vordruck	mọdulo
Wertangabe	il valore dichiarato
Zollerklärung	la dichiarazione doganale

Telefonieren

Telefonare

Dürfte ich wohl Ihr Telefon benutzen?	Potrei usare il Suo telẹfono?
Wo ist die nächste Telefonzelle?	Dov'è la cabina telefọnica più vicina?
Können Sie mir bitte eine Telefonmünze/Telefonkarte geben?	Mi potrebbe dare un gettone/una carta telefọnica?
Können Sie mir bitte wechseln? Ich brauche Kleingeld zum Telefonieren.	Mi potrebbe cambiare, per favore? Mi serve la moneta per il telẹfono.
Haben Sie ein Telefonbuch von …?	Ha un elenco telefọnico di …?
Wie ist die Vorwahl von …	Qual è il prefisso di/per …?
Auskunft, bitte, geben Sie mir die Nummer von …	Pronto, servizio informazioni? Vorrei il numero di …

So rufen Sie zu Hause an:

Auslandsvorwahl Bundesrep. West **00** Bundesrep. Ost **00**	Landeskennzahl **49** **37**	Ortsnetzkennzahl »**0**« weglassen	Teilnehmer
Auslandsvorwahl Österreich **00**	Landeskennzahl **43**	Ortsnetzkennzahl »**0**« weglassen	Teilnehmer
Auslandsvorwahl Schweiz **00**	Landeskennzahl **41**	Ortsnetzkennzahl »**0**« weglassen	Teilnehmer

In Italien kann man mit Kleingeld, Telefonkarten und Telefonmünzen telefonieren. Telefonmünzen erhält man automatisch als Wechselgeld in den Geschäften und auf Verlangen in den Stehcafés, an Zeitungskiosken und in den meisten Gaststätten. Außerdem gibt es Münzautomaten in Telefonzellen, Bahnhöfen etc. Dafür muß natürlich Kleingeld bereitgehalten werden.

Bitte ein Ferngespräch nach …	Per favore, un'interurbana per …
Ich möchte ein R-Gespräch anmelden.	Vorrei annunciare una telefonata a carico del ricevente.
Können Sie mich bitte mit … verbinden?	Mi può mettere in comunicazione con …, per favore?
• Gehen Sie in Kabine Nr.	Vada nella cabina nụmero …
• Die Leitung ist besetzt.	La linea è occupata.
• Es meldet sich niemand.	Non risponde nessuno.
• Bleiben Sie bitte am Apparat.	Resti all'apparẹcchio.
Hier spricht …	Qui parla …
Hallo, mit wem spreche ich?	Pronto, con chi parlo?
Kann ich bitte Herrn/Frau/Fräulein … sprechen?	Scusi, potrei parlare con il signor/la signora/la signorina …?
• Am Apparat.	Sono io.
• Ich verbinde.	Glielo/La passo.
• Tut mir leid, er/sie ist nicht da/zuhause.	Mi dispiace, ma non c'è/è a casa.
Wann wird er/sie zurück sein?	Quando sarà di ritorno?
• Kann er/sie Sie zurückrufen?	La posso far richiamare?
Ja, meine Nummer ist …	Sì, il mio numero è …
• Möchten Sie eine Nachricht hinterlassen?	Vuol lasciar detto qualcosa?
Würden Sie ihm/ihr bitte sagen, ich hätte angerufen?	Gli/Le potrebbe dire che ho chiamato, per favore?
Könnten Sie ihm/ihr etwas ausrichten?	Gli/Le posso lasciar detto qualcosa?
Ich rufe später nochmal an.	Richiamo più tardi.

- Falsch verbunden. — Ha sbagliato numero.
- Kein Anschluß unter dieser Nummer. — È stata raggiunta una numerazione inesistente.

Wortliste Telefonieren

abnehmen	rispondere al telẹfono
Anruf	telefonata
~beantworter	segreteria telefọnica
anrufen	telefonare
Auskunft	informazioni
Auslandsgespräch	la comunicazione internazionale
besetzt	occupato
Besetztzeichen	il segnale d'occupato
Branchenverzeichnis	le pagine gialle
durchwählen	raggiungere in teleselezione
Fern|gespräch	interurbana
~sprechamt	uffịcio telecomunicazioni
Freizeichen	il segnale di libero
Gebühr	tariffa
Gebühreneinheit	scatto
Gespräch	la conversazione
Hörer	il ricevitore
Münz|fernsprecher	telẹfono a gettone
~wechsler	il cambiamonete automatico
Ortsgespräch	telefonata urbana
R-Gespräch	la comunicazione telefọnica a cạrico del ricevente
Rufnummer	numero telefọnico
Störungsstelle	ufficio guasti
Summton	ronzịo
Telefon	telẹfono
~buch	elenco telefọnico
~gespräch	telefonata
~karte	carta telefọnica
~münze	il gettone telefọnico
~nummer	numero telefọnico
~zelle	cabina telefọnica
Verbindung	la comunicazione
Vermittlung	centralino
Voranmeldung	preavviso
Vorwahlnummer	prefisso
wählen	formare il nụmero

Auf der Polizei

Al commissariato di Polizia

▶ auch **Kap.3, Auto/Motorrad/Fahrrad – Verkehrsunfall**

Wo ist bitte das nächste Polizeirevier?	Dov'è il commissariato di polizịa più vicino?
Ich möchte einen Diebstahl/Verlust/Unfall anzeigen.	Vorrei denunciạre un furto/uno smarrimento/un incidente.
Mir ist … gestohlen worden.	Mi è stata/o rubata/o …
die Handtasche	la borsa.
die Brieftasche	il portafoglio.
mein Fotoapparat	la mạcchina fotografica.
mein Auto/mein Fahrrad	la mạcchina/la cicicletta.

➧ *Aussprache siehe Seite 7*

Mein Auto ist aufgebrochen worden.	La mia mạcchina è stata forzata.
Aus meinem Auto ist … gestohlen worden.	Dalla mia mạcchina è stato rubato …
Ich habe … verloren.	Ho perso …
Mein Sohn/Meine Tochter ist seit … verschwunden.	Mio figlio/Mia figlia è scomparso/a da …
Dieser Mann belästigt mich.	Quest'uomo mi infastidisce.
Können Sie mir bitte helfen?	Mi può aiutare, per favore?
● Wann genau ist das passiert?	Quando è successo esattamente?
● Wir werden der Sache nachgehen.	Ce ne occuperemo.
Ich habe damit nichts zu tun.	Non ho niente a che fare con questa faccenda.

• Ihren Namen und Ihre Anschrift, bitte.	Il Suo nome e indirizzo, per favore.
• Wenden Sie sich bitte an das deutsche/österreichische/Schweizer Konsulat.	Per favore, si rivolga al consolato tedesco/austrịaco/svizzero.

Wortliste Polizei

anzeigen	denunciạre
aufbrechen	forzare, scassinare
Auto|radio	l'autoradio *f*
~schlüssel	la chiạve della mạcchina
belästigen	infastidire
beschlagnahmen	sequestrare
Dieb	ladro
~stahl	furto
Gefängnis	la prigione
Geldbörse	borsellino
Gericht	il tribunale
Kfz-Schein	libretto di circolazione
Papiere	i documenti
Personalausweis	carta d'identità
Polizei	polizịa
~wagen	auto della polizịa
Polizist/in	l'agente *m f; (Verkehr)* il vịgile/la vigilessa
Rauschgift	gli stupefacenti
Rechtsanwalt	avvocato
Reisepaß	passaporto
Richter	il giụdice
Schlüssel	la chiave
Schmuggel	contrabbando
Schuld	colpa
Taschendieb	borsaiolo, lo scippatore
Überfall	l'aggressione *f*; assalto *(a una banca)*
Untersuchungshaft	la detenzione preventiva
Verbrechen	delitto
Vergewaltigung	violenza(carnale), stupro
verhaften	arrestare
verlieren	pẹrdere
zusammenschlagen	picchiare

Fundbüro

Ufficio oggetti smarriti

Wo ist das Fundbüro, bitte?	Per favore, dov'è l'ufficio oggetti smarriti?
Ich habe … verloren.	Ho perso …
Ich habe meine Handtasche im Zug vergessen.	Ho lasciato la (mia) borsa sul treno.
Benachrichtigen Sie mich bitte, wenn sie abgegeben/gefunden werden sollte.	Per favore, se vengono riconsegnati/ritrovati, me lo faccia sapere.
Hier ist meine Hotelanschrift/Heimatadresse.	Ecco l'indirizzo del mio albergo/l'indirizzo di casa.

10 Gesundheit
Salute

In der Apotheke

In farmacịa

Wo ist die nächste Apotheke (mit Nachtdienst)?	Dov'è la farmacịa (di turno) più vicina?
Geben Sie mir bitte etwas gegen …	Mi dia qualcosa contro …
● Dieses Mittel ist rezeptpflichtig.	Ci vuọle una ricetta per questa medicina.
Kann ich darauf warten?	Posso aspettare?
Wann kann ich es abholen?	Quando posso venire a prẹnderla?

Wortliste Apotheke

▶ **auch Wortliste Arzt/Zahnarzt/Krankenhaus**

Abführmittel	lassativo
Antibabypille	le pịllole anticoncezionali
Antibiotikum	antibiọtico
Aspirin	aspirina
Augentropfen	le gocce per gli occhi, collịrio
äußerlich	per uso esterno
Beruhigungsmittel	il calmante
Brandsalbe	pomata per le scottature
Desinfektionsmittel	il disinfettante
einnehmen	prẹndere
Elastikbinde	benda elastica
vor dem Essen	prima dei pasti
nach dem Essen	dopo i pasti
Fieberthermometer	termọmetro
Gegengift	antịdoto
Gurgelwasser	la soluzione per gargarismi
Halstabletten	le pastiglie per la gola
Hustensaft	sciroppo (contro la tosse)
innerlich	per uso interno
Insektenmittel	l'insetticida *m*
Insulin	insulina
Jod(tinktur)	tintura di iọdio
Kamillentee	camomilla

Kohletabletten	l'astringente *m* intestinale a base di caolino carbone
Kopfschmerztabletten	le compresse contro il mal di testa
Kreislaufmittel	medicamento per disturbi circolatori
auf nüchternen Magen	a stọmaco vuọto
Magentropfen	digestivo in gocce
Medikament	medicina, fạrmaco
Mittel	medicina
Mullbinde	fạscia di garza
im Mund zergehen lassen	far sciọgliere in bocca
Nebenwirkungen	le reazioni secondạrie
Ohrentropfen	le gocce per gli orẹcchi
Pflaster	cerotto
Präservativ	preservativo
Puder	cipria, borotalco
Rezept	ricetta
Salbe	pomata
Schlaftabletten	i sonnịferi
Schmerztabletten	le compresse contro il dolore, gli analgẹsici
Sonnenbrand	scottatura (solare)
Tablette	compressa
Traubenzucker	glucọsio
Tropfen	le gocce
Watte	il cotone idrọfilo
Zäpfchen	supposta

Arztbesuch

Dal mẹdico

Können Sie mir einen guten … empfehlen?	Mi può consigliare un buon …
Arzt	mẹdico?
Augenarzt	oculista?
Frauenarzt	ginecọlogo?
Hals-Nasen-Ohren-Arzt	otorinolaringoiạtra?
Hautarzt	dermatọlogo?
Heilpraktiker	guaritore, medico empirico?
Internisten	internista?
Kinderarzt	pediatra?
Nervenarzt	neurọlogo?

Praktischen Arzt Urologen Zahnarzt	mẹdico genẹrico? urọlogo? dentista?
Wo ist seine Praxis?	Dov'è il suo ambulatọrio?
Wann hat er Sprechstunde?	Quando riceve?
• Was für Beschwerden haben Sie?	Che disturbi ha?
Ich fühle mich nicht wohl.	Non mi sento bene.
Ich habe Fieber.	Ho la febbre.
Ich kann nicht schlafen.	Non riesco a dormire.
Mir ist oft schlecht/schwindelig.	Spesso mi sento male/mi gira la testa.
Ich bin ohnmächtig geworden.	Sono svenuto/a.
Ich bin stark erkältet.	Sono molto raffreddato/a.
Ich habe … Kopfschmerzen. Halsschmerzen. Husten.	Ho … mal di testa. mal di gola. la tosse.
Ich bin gestochen/gebissen worden.	Sono stato punto/a/morso/a.
Ich habe mir den Magen verdorben.	Ho fatto un'indigestione.
Ich habe Durchfall/Verstopfung.	Soffro di diarrẹa/costipazione.
Ich vertrage das Essen/die Hitze nicht.	Digerisco male./Non sopporto il caldo.
Ich habe mich verletzt.	Mi sono fatto/a male.
Ich bin gestürzt.	Sono caduto/a.
Ich glaube, ich habe mir … gebrochen/verstaucht.	Credo di essermi rotto/a/slogato/a …
• Wo tut es weh?	Dove fa male?
Ich habe hier Schmerzen.	Ho dei dolori qui.

● Tut es hier weh?	Fa male qui?
Ich habe einen hohen/ niedrigen Blutdruck.	Ho la pressione alta/bassa.
Ich bin Diabetiker.	Sono diabẹtico/a.
Ich bin schwanger.	Sono incinta.
Ich hatte vor kurzem …	Poco tempo fa ho …
● Bitte, machen Sie sich/ Ihren Arm frei.	Si spogli, per favore./ Si scopra il braccio.
● Bitte tief einatmen. Atem anhalten.	Respiri profondamente. Trattenga il respiro, per favore.
● Öffnen Sie den Mund.	Apra la bocca.
● Zeigen Sie die Zunge.	Mi fạccia vedere la lịngua.
● Husten, bitte.	Tossisca.
● Wie lange fühlen Sie sich schon so?	Da quanto tempo si sente male?
● Haben Sie Appetit?	Ha appetito?
Ich habe keinen Appetit.	Non ho appetito.
● Haben Sie einen Impf-schein?	Ha un certificato di vaccinazione?
Ich bin gegen … geimpft.	Sono vaccinato contro …
● Sie müssen geröntgt werden.	Bisogna fare una radiografịa.
● Ich brauche eine Blut-/ Urinprobe.	Ho bisogno dell'esame del sangue/ dell'urina.
● Ich muß Sie an einen Facharzt überweisen.	La mando da uno specialista.
● Sie müssen operiert werden.	Deve essere operato/a.
● Sie brauchen ein paar Tage Bettruhe.	Deve stare a letto per qualche giorno.
● Es ist nichts Ernstes.	Non è niẹnte di grave.
Können Sie mir bitte etwas gegen … geben/ verschreiben?	Mi può dare/prescrịvere qualcosa contro …?

Normalerweise nehme ich …	Di solito prendo …
• Nehmen Sie eine Tablette vor dem Schlafengehen.	Prenda una compressa prima di andare a letto.
Hier ist mein internationaler Krankenschein.	Ecco il mio mọdulo internazionale della cassa mutua.
Können Sie mir bitte ein ärztliches Attest ausstellen?	Mi può rilasciạre un certificato mẹdico?

Beim Zahnarzt

Dal dentista

Ich habe (starke) Zahnschmerzen.	Ho (un forte) mal di denti.
Dieser Zahn (oben/unten/vorn/hinten) tut weh.	Questo dente (di sopra/di sotto/davanti/in fondo) fa male.
Ich habe eine Füllung verloren.	La piombatura è andata via.
Mir ist ein Zahn abgebrochen.	Mi si è rotto un dente.
• Ich muß ihn plombieren.	Lo devo otturare.
• Ich behandle ihn nur provisorisch.	Faccio soltanto un trattamento provvisorio.
• Ich muß ihn ziehen.	Devo estrarlo.
• Dieser Zahn muß eine Krone bekommen.	A questo dente bisogna fare una corona.
Geben Sie mir bitte eine/keine Spritze.	Mi faccia una puntura/Non mi faccia la puntura.
• Bitte gut spülen.	Si sciacqui la bocca.
Können Sie diese Prothese reparieren?	Mi può riparare questa prọtesi?
• Kommen Sie in zwei Tagen bitte nochmal zum Nachsehen.	Torni fra due giọrni per il controllo.

• Suchen Sie dann zu Hause gleich Ihren Zahnarzt auf.	Quando torna a casa, vada sụbito dal Suo dentista.

Im Krankenhaus

In ospedale

Wie lange muß ich hier bleiben?	Per quanto tempo devo stare qui?
Ich habe Schmerzen/Ich kann nicht einschlafen. Geben Sie mir bitte eine Schmerztablette/Schlaftablette.	Ho dolore/Non riẹsco ad addormentarmi. Per favore mi dịa un analgẹsico/un sonnịfero.
Wann darf ich aufstehen?	Quando potrò alzarmi?
Geben Sie mir bitte eine Bescheinigung über die Dauer des Krankenhausaufenthalts mit Diagnose.	Per favore, mi rilasci un certificato con la specificazione della durata della degenza ospedaliẹra e della diạgnosi.

Wortliste Arzt/Zahnarzt/Krankenhaus

Abszeß	ascesso
Ader	vena
Aids	Aids
Allergie	allergịa
allergisch sein gegen	essere allẹrgico a
Anfall	attacco
Angina	angina
Anspruchsausweis *(Krankenkasse)*	certificato di comprovazione del diritto (ospedale)
ansteckend	contagiọso
Appetitlosigkeit	mancanza d'appetito
Arm	brạccio
Asthma	l'asma *m/f*
Atembeschwerden	difficoltà di respirazione
atmen	respirare
Attest	certificato
Augen	gli occhi
Ausschlag	l'eruzione *f* cutanea, l'esantema *m*

Bänderriß	strappo dei legamenti
Bauch	il ventre
Bein	gamba
Bescheinigung	certificato
Besuchszeit	orạrio di vịsita
bewußtlos	privo di sensi
Blähungen	flatulenza
Blase	vescica
Blinddarm	l'appendice *f*
~entzündung	l'appendicite *f*
Blut	il sạngue
~druck, hoher/niedriger	la pressione sanguịgna più alta/ più bassa
bluten	sanguinare
Blut|erguß	ematoma
~gruppe	gruppo sanguịgno
~probe	l'esame *m* del sạngue
~transfusion	la trasfusione del sạngue
~ung	emorragịa
~vergiftung	setticemịa
Brechreiz	nạusea
Bronchien	i bronchi
Bronchitis	la bronchite
Bruch	*(Leisten~)* l'ernia; *(Knochen~)* frattura
Brust	petto
~korb	cassa torạcica
Bypass	bypass
Chirurg/in	chirurgo
Cholera	il colẹra
Darm	intestino
desinfizieren	disinfettare
Diabetes	il diabete
Diagnose	la diạgnosi
Diät	il regime, la diẹta
Diphtherie	la difterite
Drüse	ghiạndola
Durchfall	diarrẹa
Eiter	il pus
eitern	fare pus
Ellbogen	gọmito
Entzündung	l'infiammazione *f*
erbrechen, sich	vomitare
erkälten, sich	prẹndere freddo, raffreddarsi

erkältet	raffreddato
Erkältung	il raffreddore
Facharzt	lo specialista
Fehlgeburt	aborto
Fieber	la febbre
Finger	dito
Fuß	il pịede
Gallenblase	la cistifẹllea
gebrochen	rotto
Gehirn	cervello
~erschütterung	la commozione cerebrale
~schlag	apoplessịa cerebrale
Gehör	udito
Gelb | fieber	la febbre giạlla
~sucht	itterịzia
Gelenk	l'articolazione *f*
Geschlechts | krankheit	malattịa venẹrea
~organe	gli organi genitali
geschwollen	gọnfio
Geschwulst	il tumore
Geschwür	ụlcera
Gesicht	fạccia
Glieder	le membra
Grippe	influenza
Hals	collo; *(Kehle)* gola
~schmerzen	mal di gola
Hämorrhoiden	le emorrọidi
Hand	la mano
Haut	la pelle
~krankheit	malattịa della pelle
heiser sein	avere la voce rauca
Herz	il cuore
~anfall	attacco cardịaco
~beschwerden	i disturbi cardịaci
~fehler	difetto cardịaco
~infarkt	infarto
~schrittmacher	il cardiostimolatore, il pacemaker
~spezialist	cardiọlogo
Heuschnupfen	il raffreddore da fiẹno
Hexenschuß	la lombạggine
Höhensonne	lạmpada solare
Hüfte	anca
Husten	la tosse
impfen	vaccinare

Impfpaß	libretto di vaccinazione
Impfung	la vaccinazione
Infektion	l'infezione *f*
Infusion	la fleboclisi, l'ipodermoclisi *f*
Ischias	sciạtica
Keuchhusten	la pertosse
Kiefer	mascella
Kinderlähmung	la polio(mielite)
Knie	ginọcchio
Knöchel	*(Fuß)* mallẹolo; *(Hand)* nocella
Knochen	osso
~bruch	frattura ossea
Kolik	cọlica
Kopf	testa
~schmerzen	il mal di testa
Krampf	crampo
krank	malato
Kranken|haus	l'ospedale *m*
~kasse	cassa malattia
~schein	buono per le cure mẹdiche
~schwester	infermiẹra
Krankheit	malattịa
Krebs	cancro
Kreislaufstörung	disturbi circolatori
Krone	corona
Lähmung	la parạlisi
Lebensmittelvergiftung	l'intossicazione *f* da alimenti
Leber	fẹgato
Leistenbruch	ernia inguinale
Lippe	labbro
Loch *(im Zahn)*	la carie
Lunge	il polmone
Lungenentzündung	la polmonite
Magen	stọmaco
~schmerzen	il mal di stọmaco
Malaria	malạria
Mandelentzündung	la tonsillite
Mandeln	le tonsille
Masern	morbillo
Menstruation	la mestruazione
Migräne	emicranịa
Mittelohrentzündung	l'otite *f*
Mumps	gli orecchioni
Mund	bocca

Muskel	mụscolo
nähen	cucire
Narbe	la cicatrice
Narkose	anestesịa
Nase	naso
Nasenbluten	emorragịa nasale
Nerv	nervo
nervös	nervoso
Niere	il rene
Nieren|entzündung	la nefrite
~stein	calcolo renale
Ohnmacht	svenimento
Ohr	orẹcchio
Operation	l'operazione *f*
Plombe	piombatura
Pocken	vaiọlo
Praxis	ambulatọrio
Prellung	la contusione
Prothese	la prọtesi
Puls	polso
Quetschung	la contusione
Rheuma	i reumatismi
Rippe	cọstola
röntgen	radiografare
Röntgenaufnahme	radiografịa
Röteln	rosolịa
Rücken	schiẹna
~schmerzen	il dolore alla schiena
Rückgrat	spina dorsale, colonna vertebrale
Rücktransport	trasporto di ritorno
Salmonellen	la salmonellosi
Schädel	crạnio
Scharlach	scarlattina
Schiene	stecca
Schienbein	tịbia
Schlaflosigkeit	insọnnia
Schlaganfall	colpo apoplẹttico
Schlüsselbein	clavịcola
Schmerzen	i dolori
Schnittwunde	ferita da tạglio
Schnupfen	il raffreddore
Schulter	spalla
Schüttelfrost	i brịvidi
Schwangerschaft	gravidanza

Schweiß	il sudore
Schwellung	il gonfiọre, la tumefazione
Schwindel	le vertịgini
schwitzen	sudare
Seitenstechen	le fitte al fianco
Sodbrennen	acidità di stọmaco
Sonnenstich	colpo di sole
Speiseröhre	esọfago
Sprechstunde	orạrio di visita
Spritze	*(Gerät)* siringa; *(Einspritzung)* l'iniezione *f*, puntura
Station	reparto
Stich	punto, puntura
Stirnhöhlenentzündung	la sinusite
Stuhlgang	l'evacuazione *f*
Tetanus	tẹtano
Trommelfell	membrana del tịmpano
Typhus	tifo
Übelkeit	nạusea
Ultraschalluntersuchung	l'esame *m* con ultrasuoni
Unterleib	l'addome *m*
Untersuchung	l'esame *m*
Urin	urina
Verband	il materiale di pronto soccorso
verbinden	fasciare
Verbrennung	l'ustione *f*
Verdauung	la digestione
Verdauungsstörung	l'indigestione *f*
Vergiftung	avvelenamento
verletzen	ferire
Verletzung	ferita
verschreiben	prescrịvere
verstaucht	slogato
Verstopfung	la costipazione, stitichezza
Virus	il virus
Wartezimmer	sala d'aspetto
weh tun	far male
Windpocken	varicella
Wirbelsäule	spina dorsale, colonna vertebrale
Wunde	ferita
Zahn	il dente
Backen~	il dente molare
Schneide~	il dente incisivo
~fleisch	gengiva
~schmerzen	il mal di denti

Zehe	dito del piẹde
Zerrung	stiramento
ziehen *(Zahn)*	tọgliere, estrarre
Zunge	lịngua

In Kur

In cura

Ist diese Kurklinik beihilfefähig?	Questa casa di cura è convenzionata?
• Welche Diagnose hat Ihr Arzt gestellt?	Che cosa ha diagnosticato il Suo Medico?
Wie viele Anwendungen bekomme ich noch?	Quante applicazioni ho ancora?
Ich möchte noch einige zusätzliche …	Vorrei ancora alcune … in più.
Könnte ich einen anderen Termin bekommen?	Mi potrebbe dare un altro appuntamento?

Wortliste Kur

Anwendung	l'applicazione *f*
Atemtherapie	terapịa respiratọria
Autogenes Training	il training autogeno
Bad	bagno
Bewegungs~	bagno per cinesiterapịa
Dampf~	bagno turco
Fuß~	pedilụvio
medizinisches ~	bagno terapẹutico
Moor~	i fanghi
Sole~	bagno idrominerale
Badearzt	medico termale
Behandlung	cura mẹdica
Bestrahlung	i raggi, l'irradiazione *f*
Diät	il regime, la diẹta
1000-Kalorien~	la dieta delle 1000 calorie
entschlacken	eliminare le scọrie
Fango	fango

Frischzellentherapie	terapịa cellulare
Heil|mittel	fạrmaco
~quelle	la sorgente d'acqua minerale
Heißluft	aria calda
Höhensonne	lạmpada solare
Inhalation	l'inalazione *f*
inhalieren	inalare, fare inalazioni
Kneipp|becken	vasca per la cura idroterạpica
~kur	cura idroterạpica
Krankengymnastik	ginnạstica mẹdica
Kur	cura, trattamẹnto
~karte	tẹssera di riduzione nei luoghi di cura
~klinik	casa di cura
~ort	la stazione termale
~plan	piano di cura
~taxe	tassa di soggiorno
~verwaltung	azienda di cura e soggiorno
Liegekur	clinoterapịa
Luftkurort	la stazione climatica
Lymphdrainage	drenaggio linfatico
Massage	massạggio
Bindegewebs~	massạggio fibroso
Reflexzonen~	massạggio delle zone riflesse
Unterwasser~	massaggio sott'acqua
Masseur/in	massaggiatore/massaggiatrice
massieren	massaggiare
Mineral|bad	bagno d'acque minerali
~quelle	la sorgente d'acqua minerale
Nachkur	cura di consolidamento
Naturheilverfahren	terapia naturalista
Physiotherapie	fisioterapia
Reizklima	il clima stimolante
Sanatorium	sanatọrio, casa di cura
Schlammpackung	fangatura
Schmerztherapie	terapia analgẹsica
Seebad	bagno di mare
Thermal|bad	bagno termale
~becken	piscina termale
Trink|halle	mescita per l' idropinoterapia
~kur	idropinoterapia
Ultraschall	gli ultrasuọni
Yoga	lo yoga

11 Geschäftsreise
Viaggio d'affari

Der lange Weg zum Geschäftspartner

Il lungo viạggio per raggiụngere il sọcio d'affari

Wie komme ich bitte zu …?	Qual è la strada per …?
Wo ist der Haupteingang?	Dov'è l'ingresso principale?
Mein Name ist … Ich komme von der Firma …	Il mio nome è … Sono della ditta …
Kann ich bitte … sprechen?	Posso parlare con …, per favore?
Melden Sie mich bitte bei … an.	Per favore mi prenda un appuntamento con …

➧ *Aussprache siehe Seite 7*

Ich habe einen Termin bei …	Ho un appuntamento con …
• … erwartet Sie bereits.	… La sta aspettando.
• Er/Sie ist noch in einer Sitzung.	È ancora ad una riunione.
• Ich führe Sie zu …	La accompagno da …
Entschuldigen Sie bitte, daß ich zu spät komme.	La prego di scusare il ritardo.
• Bitte setzen Sie sich.	Si accọmodi, prego.
• Darf ich Ihnen etwas zu trinken anbieten?	Le posso offrire qualcosa da bere?
• Hatten Sie eine angenehme Reise?	Ha fatto buon viạggio?
Wieviel Zeit haben wir?	Quanto tempo abbiamo?
• Wann geht Ihre Maschine?	Quando parte il Suo aẹreo?
Ich brauche einen Dolmetscher.	Ho bisogno di un intẹrprete.

Wortliste Weg zum Geschäftspartner

Abteilung	reparto
Büro	uffịcio
Dolmetscher/in	l'intẹrprete *m f*
Eingang	ingresso
Empfang	la ricezione, ricevimento
Firma	ditta
Gebäude	edifịcio
Konferenz|raum	sala delle conferenze
~zentrum	centro conferenze
Pförtner	il portiere
Sekretariat	segreterịa
Sekretär/in	segretạrio/a
Sitzung	seduta
Stockwerk	piano
Termin	appuntamento

Verhandlung/Konferenz/Messe

Trattativa/Conferenza/Fiera

Ich suche den Messestand der Firma …	Cerco lo stand della ditta …
● Gehen Sie in Halle …, Stand Nr. …	Vada nel padiglione …, Stand nr …
Wir sind Hersteller von …	Siamo produttori di …
Wir handeln mit …	Noi commerciamo con …
Haben Sie Informationsmaterial über …?	Ha del materiale informativo su …?
Wir können Ihnen ausführliches Material über … zusenden.	Le possiamo inviare materiale informativo dettagliato su …
Wer ist Ansprechpartner für …?	Chi è l'interlocutore per …?
Könnten Sie uns ein Angebot zukommen lassen?	Ci può far pervenire un'offerta?

Wir sollten ein Treffen vereinbaren.	Dovremmo fissare la data di un incontro.
Hier ist meine Visitenkarte.	Ecco il mio biglietto da vịsita.

Wortliste Verhandlung/Konferenz/Messe

Angebot	offerta
Ansprechpartner	l'interlocutore *m*
Auftrag	l'ọrdine *f*
Auftragsbestätigung	conferma d'ọrdine
Aussteller	espositore
~verzeichnis	catạlogo dell'esposizione
Einzelhändler/in	il/la commerciante al minuto (al dettaglio)
Export	l'exportazione *f*
Exporteur	l'esportatore *m*
Fachmesse	fiera settoriale
Finanzierung	finanziamento
Fracht	trasporto
Garantie	garanzịa
Generalvertretung	rappresentanza generale
Geschäfts|beziehungen	relazioni d'affari
~form	forma costitutiva
~partner	la parte contraẹnte
Großhändler/in	il/la grossista, il/la commerciante all'ingrosso
Halle	il capannone
Hallenplan	pianta del padiglione
Handelsvertreter/in	il/la rappresentante commerciale, l'agente *m f* di commercio
Hersteller	il produttore
Import	l'importazione *f*
Importeur	l'importatore *m*
Industriemesse	fiera industriale
Informations|material	il materiale informativo
~stand	lo stand delle informazioni
interessiert sein an	essere interessato a
Joint-venture	impresa comune
Kabine	cabina
Katalog	catạlogo
Kaufvertrag	contratto d'acquisto
Kondition	la condizione

Konferenz	conferenza
Konzern	complesso industriale
Kooperation	la cooperazione
Kosten	i costi, le spese
~voranschlag	preventivo di spesa
Kunde/Kundin	il/la cliente
Leasing	il leasing
Lieferant	il fornitore
Liefer|bedingungen	le condizioni di consegna
~ung	consegna
~zeit	il tẹrmine di consegna
Lizenz(vertrag)	(contratto di) licenza
Marketing	il marketing
Meeting Point	convegno
Mehrwertsteuer	IVA (Imposta sul valore aggiunto)
Messe	fiera
~ausweis	tesserino fierịstico
~hosteß	hostess in fiera
~leitung	la direzione della fiera
~rabatt	sconto in fiera
~service	servịzio fierịstico
~stand	lo stand in fiera
~zentrum	centro fierịstico
Muster	il campione
Öffentlichkeitsarbeit	le pụbbliche relazioni
Preis	prezzo
~liste	listino prezzi
~nachlaß	la riduzione di prezzo
Produktion	la produzione
Proforma-Rechnung	fattura pro forma
Prospekt	opụscolo, prospetto
Protokoll	il verbale
Rechnung	fattura, conto
Schulung	addestramento
Skonto	sconto
Tagesordnung	l'ọrdine *m* del giorno
Tochtergesellschaft	società affiliata
Transport	trasporto
Treffen	incontro
Umsatzsteuer	imposta generale sull'entrata
Verkäufer/in	il venditore/la veditrice
Verkaufsförderung	la promozione delle vẹndite
Verpackung	imballaggio
Versicherung	l'assicurazione *f*

Vertrag	contratto
Vertrags|bedingungen	le condizioni contrattuạli
~händler	concessionạrio
Vertreter/in	l'agente *m f*, il/la rappresentante
Vertrieb	smercio, distribuzione *f*
Vertriebsnetz	la rete di distribuzione
Visitenkarte	biglietto da vịsita
Vortrag	conferenza
Ware	la merce
Warenverzeichnis	distinta di merci
Werbe|kampagne	campagna pubblicitaria
~material	il materiale pubblicitario
Werbung	pubblicità
Zahlungsbedingungen	le condizioni di pagamento
Zentrale	la centrale

Ausstattung

Attrezzatura

Könnten Sie mir hiervon einige Kopien machen?	Avrei bisogno di alcune copie di questo.
Für meinen Vortrag benötige ich einen Tageslichtprojektor.	Per la conferenza mi serve una lavagna luminosa.
Würden Sie mir bitte ... besorgen?	Mi potrebbe procurare ..., per favore?

Wortliste Ausstattung

Ausstellungsmaterial	il materiale d'esposizione
Diskette	dischetto magnẹtico
Drucker	la stampante
Farbkopierer	la fotocopiatrice a colori
Faserschreiber	penna in fibra
Flip-chart	il flip chart
Folienstift	pennarello per fogli trasparenti
Fotokopierer	la fotocopiatrice
Katalog	catạlogo
Kopie	cọpia

Mikrofon	micrọfono
Modem	il modem
PC	PC
Rednerpult	pọdio dell'oratore
Schreibblock	blocco per appunti
Stift	matita
Tageslichtprojektor	lavagna luminosa
Telefax	il telefax
Telefon	telẹfono
Telex	il telex
Textverarbeitungssystem	il sistema di elaborazione del testo
Verdunklung	oscuramento
Verlängerungsschnur	cavo di prolungamento
Videorekorder	il videoregistratore

Kurzgrammatik

Der Artikel (Geschlechtswort)

Bestimmter Artikel im Singular und Plural (Einzahl und Mehrzahl)

	Sing.	Plur.	
Weiblich	la	le	vor Konsonant z. B.: la bambina/le bambine
	l'	le	vor Vokal z. B.: l'ora/le ore
Männlich	il	i	vor Konsonant, aber nicht vor s + Konsonant (sb, st, sc …), z, gn z. B. il treno/i treni
	lo	gli	vor s + Konsonant (sb, st, sc …), z, gn z. B.: lo studente/gli studenti lo zạino/gli zạini
	l'	gli	vor Vokal z. B.: l'amico/gli amici

- Mit bestimmtem Artikel stehen
  - besitzanzeigende Fürwörter (s. S. 204)
  - Titel + Name: Dov'è **il signor Neri?** Wo ist Herr Neri? (außer bei der Anrede: Buongiorno, signor Neri.)
  - Ländernamen: Conosce **l'Italia?** Kennen Sie Italien? (außer bei *in* + weiblicher Name: in Italia in/nach Italien)
  - Uhrzeit: È **l'una.** Es ist 1 Uhr. Sono **le due.** Es ist 2 Uhr.
  - im allgemeinen Sinn gebrauchte Substantive: **La benzina** costa molto. Benzin ist teuer.

- Wendungen mit Artikel:
  chiuso il lunedì/il martedì montags/dienstags geschlossen
  l'anno prossimo nächstes Jahr
  fare il bagno baden
  fare il pieno volltanken
  fare il biglietto einen Fahrschein lösen

- Wendungen ohne Artikel:
  partire lunedì/martedì am Montag/Dienstag abreisen
  in maggio/aprile im Mai/April
  andare in città in die Stadt gehen
  andare in treno/macchina mit dem Zug/Auto fahren

Unbestimmter Artikel

Weiblich	una	vor Konsonant	z. B.: una ragazza
	un'	vor Vokal	z. B.: un'amica
Männlich	un	vor Vokal und Konsonant aber nicht vor s + Konsonant (sb, st, sc ...), z, gn z. B.: un minuto, un uomo	
	uno	vor s + Konsonant (sb, st, sc ...), z, gn z. B.: uno sciopero	

Das Substantiv (Hauptwort)

Substantive im Singular und Plural
(Hauptwörter in der Einzahl und Mehrzahl)

Im Italienischen gibt es
1. männliche Substantive auf *-o* (Plur. *-i*)
   -e (Plur. *-i*)
   -a (Plur. *-i*)
2. weibliche Substantive auf *-a* (Plur. *-e*)
   -e (Plur. *-i*)
   -o (Plur. *-i*)

	Singular		Plural	
männlich	il	ragazz**o**	i	ragazz**i**
	il	padr**e**	i	padr**i**
	il	problem**a**	i	problem**i**
weiblich	la	ragazz**a**	le	ragazz**e**
	la	madr**e**	le	madr**i**
	la	man**o**	le	man**i**

- Eine Reihe von Personenbezeichnungen (meist auf *-ante, -ente, -ese, -ista*) werden für männliche und weibliche Personen gebraucht, z. B.
  il cliente/la cliente
  il turista/la turista
- Immer im Singular: la gente die Leute, la roba die Sachen
- Immer im Plural: gli occhiali die Brille, i pantaloni die Hose, i soldi das Geld

Besonderheiten bei der Pluralbildung

- Bei den meisten Substantiven auf *-co/ca* und *-go/ga* wird vor der Pluralendung ein stummes *h* eingeschoben:
  il tedesco der Deutsche – i tedes**chi**; il lago See – i la**ghi**
  Aber: l'amico Freund – gli amici; il medico Arzt – i medici
- Bei den meisten Substantiven auf *-cia* und *-gia* entfällt das *i* vor der Pluralendung:
  l'arancia Orange – le arance; la spiaggia Strand – le spiagge
- Bei den meisten Substantiven auf *-io* entfällt das *i* vor der Pluralendung, z. B.: il viạgg**io**/i viạgg**i**, il fịgl**io**/i fịgl**i**
- Unregelmäßige Pluralformen haben
  l'uomo Mann – gli uomini; un paio ein Paar – due paia zwei Paar; l'uovo Ei – le uova

Substantive, die im Plural unverändert bleiben

Unverändert im Plural bleiben:
- Substantive auf Konsonant, z. B: il bar/i bar, il film/i film
- Substantive, die auf der letzten Silbe betont ausgehen z. B.: la città/le città, il caffè/i caffè
- abgekürzte Substantive, z. B.: la moto/le moto, l'auto/le auto, il cinema/i cinema, la radio/le radio
- weibliche und männliche Substantive auf *-i* z. B.: la crisi/le crisi, il brịndisi/brịndisi

Das Adjektiv (Eigenschaftswort)

Die Übereinstimmung mit dem Substantiv

Im Italienischen gibt es
1. Adjektive auf *-o*; sie bilden die weibliche Form auf *-a*;
2. Adjektive auf *-e*; sie haben für beide Geschlechter nur eine Form.

Im Plural wird wie bei den Substantiven: *o → i, a → e, e → i.*

	Singular	Plural
1. männlich weiblich	il ragazzo contento la ragazza contenta	i ragazzi contenti le ragazze contente
2. männlich und weiblich	il ragazzo ⟩ gentile la ragazza	i ragazzi ⟩ gentili le ragazze

- Bei den meisten Adjektiven auf *-co* und *-go* wird vor der Pluralendung ein stummes *h* eingefügt:
  ricco reich – ric**ch**i, ric**ch**e; lungo lang – lun**gh**i, lun**gh**e
  Aber: simpạtico – simpatici, simpati**ch**e

Das Adjektiv richtet sich in Geschlecht und Zahl immer nach dem Substantiv, auf das es sich bezieht.

Die Stellung des Adjektivs

Das Adjektiv steht im allgemeinen nach dem Substantiv.

la valigia **nera/rossa/pesante** der schwarze/rote/schwere Koffer
un giornale **italiano/inglese** eine italienische/englische Zeitung

- Meist vor dem Substantiv stehen

bello	schön	buono	gut	grande	groß	lungo	lang
brutto	häßlich	cattivo	schlecht	piccolo	klein	bravo	tüchtig

  Buono wird vor männlichen Substantiven im Singular (außer vor *z, gn* oder *s* + Konsonant) zu *buon* verkürzt:
  Buon viaggio! Gute Reise!

- *Bello* hat vor männlichen Substantiven besondere Formen.
  - Vor Konsonant (aber nicht vor *z, gn* oder *s* + Konsonant):
    un **bel** libro ein schönes Buch, dei **bei** libri schöne Bücher
  - Vor Vokal:
    un **bell'** abito ein schönes Kleid, dei **begli** abiti schöne Kleider
  - Vor *z, gn* oder *s* + Konsonant: un bello scherzo/dei begli scherzi

Die Steigerung des Adjektivs

bello	più bello	il più bello	bellissimo
schön	schöner	der schönste am schönsten	sehr schön

Der Komparativ wird gebildet durch Vorsetzung von *più* (mehr) oder *meno* (weniger). Das deutsche „als“ wird ausgedrückt durch „di“ (vor Pronomen, Substantiven, Zahlwörter) und durch „che“ in den übrigen Fällen.

Il Po è più lungo dell'Adige.	(Substantiv)	– Der Po ist länger als die Etsch.
Questo fiume è più (meno) lungo di quello.	(Pronom)	– Dieser Fluß ist länger (kürzer) als jener.
Quest'uomo ha più (meno) di 70 anni.	(Zahlwort)	– Dieser Mann ist älter (jünger) als 70 Jahre.
Parlare è più facile che tacere.	(Verb)	– Sprechen ist einfacher als schweigen.

Der Superlativ wird ausgedrückt durch den Komparativ mit bestimmtem Artikel. Wenn das Adjektiv nach dem Substantiv steht, wird der Artikel nicht wiederholt.

Roma è la più bella città del mondo.	Rom ist die schönste Stadt der Welt.
La città più bella del mondo è Roma.	

Die Endung *-issimo/a* drückt den sehr hohen Grad einer Eigenschaft aus (ohne Vergleich).

Roma è bellissima.	Rom ist sehr schön/wunderschön.
Roma è una città bellissima.	Rom ist eine wunderschöne Stadt.

- Mantova è grande **quanto/come** Padova.
  Mantua ist **so** groß **wie** Padua.
- Unregelmäßige Steigerungsformen:

buono	migliore	il migliore	ottimo/buonissimo
gut	besser	der Beste	sehr gut
cattivo	peggiore	il peggiore	pessimo/cattivissimo
schlecht	schlechter	der Schlechteste	sehr schlecht
grande	maggiore	il maggiore	massimo
groß	größer	der Größte	sehr groß
piccolo	minore	il minore	minimo
klein	kleiner	der Kleinste	sehr klein

Das Adverb (Umstandswort)

Es gibt ursprüngliche Adverbien, z.B. *tardi* (spät) und von Adjektiven abgeleitete Adverbien.
Abgeleitete Adverbien werden gebildet, indem man an die weibliche Form des Adjektivs die Endung *-mente* anhängt.

lento, -a:	Parla **lentamente.**	Er spricht langsam.
veloce:	Corre **velocemente.**	Er läuft schnell.

- Bei Adjektiven auf *-le* und *-re* entfällt das *e* vor *-mente*:
  facile leicht – facilmente
- Den Adjektiven *buono* und *cattivo* entsprechen die Adverbien *bene* und *male:* Lavora **bene/male.** Er arbeitet gut/schlecht.
- Auch Adverbien werden gesteigert,

z.B.:	tardi	più tardi	al più tardi	tardissimo
	spät	später	spätestens	sehr spät

- *Bene* und *male* haben unregelmäßige Steigerungsformen:

Paolo canta ...	bene	meglio	meglio di tutti	benissimo
P. singt ...	gut	besser	am besten	sehr gut
	male	peggio	peggio di tutti	malissimo
	schlecht	schlechter	am schlechtesten	sehr schlecht

Die Präpositionen di und a (Die Vorwörter „di" und „a")

Im Italienischen gibt es keine Fälle. Der Dativ (Wemfall) wird mit Hilfe von *a*, der Genitiv (Wesfall) mit *di* ausgedrückt.

A chi scrivi? Scrivo a mio padre.	Wem schreibst Du? Ich schreibe meinem Vater.
Dov'è la borsa di Maria?	Wo ist Marias Tasche?

‚a, di, da, in, su' + bestimmter Artikel

Die Präpositionen *a, di, da, in, su* verschmelzen mit dem bestimmten Artikel zu einem Wort, z.B. *a* + *il* = **al** mare am Meer.

		il	lo	la	l'	i	gli	le
a	an, zu	al	allo	alla	all'	ai	agli	alle
di	von	del	dello	della	dell'	dei	degli	delle
da	von	dal	dallo	dalla	dall'	dai	dagli	dalle
in	in	nel	nello	nella	nell'	nei	negli	nelle
su	auf	sul	sullo	sulla	sull'	sui	sugli	sulle

!

Der Teilungsartikel – Mengenangaben mit ‚di'

Der Teilungsartikel besteht aus *di* + bestimmter Artikel.
Er bezeichnet eine nicht näher bestimmte Menge oder Anzahl.

unbestimmte Menge/Anzahl	Mi dia **dell'**acqua. Geben Sie mir (etwas) Wasser. Vorrei **del** vino rosso. Ich möchte (etwas) Rotwein. Ha preso **delle** foto? Haben Sie (einige) Fotos gemacht?

Nur ‚di' (ohne Artikel) steht nach Substantiven, die eine bestimmte Menge oder Anzahl bezeichnen.

bestimmte Menge/Anzahl	un litro **di** vino	ein Liter Wein
	una tazza **di** caffè	eine Tasse Kaffee
	due chili **di** arance	zwei Kilo Orangen
	un milione **di** lire	eine Million Lire

- **un po' di** vino (pane) ein wenig/etwas Wein (Brot)
  un paio di scarpe ein Paar Schuhe

Die Pronomen (Fürwörter)

Personalpronomen (Persönliche Fürwörter)

Personalpronomen im Nominativ (Werfall)

	Singular					Plural				
(Wer?)	io ich	tu du	lui er	lei sie	Lei Sie	noi wir	voi ihr	Voi Sie	loro sie	Loro Sie

- Die Nominativformen des Personalpronomens werden beim Verb gewöhnlich weggelassen: Partiamo oggi. Wir reisen heute ab.
  Sie werden nur zur besonderen Hervorhebung des Subjekts gebraucht: Ordino **io?** Soll **ich** bestellen?
- Bei der höflichen Anrede verwendet man (groß geschrieben) das Personalpronomen der
  – 3. Person Singular, wenn man eine Person anredet;
  – 2. Person Plural oder (sehr formell) 3. Person Plural, wenn man mehrere anredet.

Personalpronomen im Akkusativ und Dativ
(Wenfall und Wemfall)

Die unbetonte Form

	Singular					Plural					
Wen?	mi mich	ti dich	lo ihn	la sie	La Sie	ci uns	vi euch	Vi Sie	li sie *(m)*	le sie *(f)*	Li Sie *(m)*	Le Sie *(f)*
Wem?	mi mir	ti dir	gli ihm	le ihr	Le Ihnen	ci uns	vi euch	Vi Ihnen	gli ihnen		Loro Ihnen	

z. B.: Vedi Maria? Sì, la vedo./Siehst du Maria? Ja, ich sehe sie.
Stasera incontro Maria e le do il libro./Heute abend treffe ich Maria und gebe ihr das Buch.

- Diese Formen werden nur in Verbindung mit dem Verb gebraucht und werden unmittelbar vor das gebeugte Verb gesetzt.

  Lo und *la* werden meist zu *l'* vor Vokal und *h*;
  z. B.: Non l'ho visto./Ich habe ihn/es nicht gesehen.

Diese Formen werden jedoch angehängt:

Siamo contenti di vede**rla.** Wir freuen uns, sie/Sie zu sehen.	an den Infinitiv, der dabei den Endvokal verliert.
Compra**lo**! Kauf es! Comprate**glielo**! Kauft es ihm! *Aber:* Lo compri! Kaufen Sie es!	an den bejahenden Imperativ (außer in der 3. Person).
Ẹcco**lo**! Da ist er! Ẹcco**li**! Da sind sie!	an *ecco*.

Alleinstehend, nach Präpositionen oder zur Betonung verwendet man:

Die betonte Form.

Wen?	me mich	te dich	lui ihn	lei sie	Lei Sie	noi uns	voi euch Sie	loro sie	Loro Sie
Wem?	a me mir	a te dir	a lui ihm	a lei ihr	a Lei Ihr	a noi uns	a voi euch Ihnen	a loro ihnen	a Loro Ihnen

Z. B.: Chi vedi? Lui. / Wen siehst du? Ihn.
Vado a Roma con loro. / Ich fahre mit ihnen nach Rom.
Pạolo chiama te, non me. / Paolo ruft dich, nicht mich.

Die Pronominaladverbien ‚ci' und ‚ne'

ci da, dort, hin	ne davon
Va spesso a Roma/in Italia ? – Sì, **ci** vado ogni anno. Fahren Sie oft nach Rom/Italien? – Ja, ich fahre jedes Jahr (dort)hin.	Vuole delle arance ? – Sì, me **ne** dia un chilo. Wollen Sie Orangen? – Ja, geben Sie mir ein Kilo (davon).

Gekoppelte Personalpronomen

Dativpronomen der unbetonten Form und das Pronominaladverb *ci* werden den Akkusativpronomen *lo, la, li, le* sowie *ne* vorangestellt und verändern dabei ihre Form.

- Mi/ti/ci/vi/si → me/te/ce/ve/se: **Me lo** dia. Geben Sie es mir.
- Gli/le → glie-: **Gliene** parlerò. Ich werde mit ihm/ihr/ihnen/Ihnen darüber sprechen.

Reflexivpronomen und reflexives Verb

(Rückbezügliche Fürwörter und rückbezügliches Verb)

Reflexivpronomen stehen vor dem Verb.
Bei reflexiven Verben wird das Perfekt mit *essere* (sein) gebildet (s. S. 207). Dabei richtet sich das Partizip Perfekt in Geschlecht und Zahl nach dem Subjekt:
I miei amici si sono rallegrat**i**. Meine Freunde haben sich gefreut.

Präsens	Perfekt
mi rallegro ich freue mich **ti** rallegri du freust dich **si** rallegra er/sie freut sich Sie freuen sich **ci** rallegriamo wir freuen uns **vi** rallegrate ihr freut euch Sie freuen sich **si** rallegrano sie/Sie freuen sich	mi sono rallegrato, -a ich habe mich gefreut ti sei rallegrato, -a du hast dich gefreut si è rallegrato, -a er/sie hat sich gefreut Sie haben sich gefreut ci siamo rallegrati, -e wir haben uns gefreut vi siete rallegrati, -e ihr habt euch gefreut Sie haben sich gefreut si sono rallegrati, -e sie/Sie haben sich gefreut

Reflexivpronomen werden jedoch angehängt

rallegrar**si** sich freuen fermarsi stehenbleiben	an den Infinitiv.
ferma**ti** bleib stehen! *Aber:* si fermi bleiben Sie stehen!	an den bejahenden Imperativ (außer in der 3. Person).

Das unbestimmte Fürwort „si“

Das deutsche Fürwort „man“ wird im Italienischen mit „si“ wiedergegeben. Während aber das Zeitwort im Deutschen immer in der Einzahl bleibt, richtet es sich im Italienischen in der Zahl nach dem Hauptwort:

si + Verb in Singular	Da qui si vede il lago. / Von hier aus sieht man den See. In questo negọzio si parla tedesco. / In diesem Laden spricht man Deutsch.
si + Verb in Plural	Da qui si vẹdono le Alpi. / Von hier aus sieht man die Alpen. Non si accẹttano reclami. / Man nimmt keine Beschwerden an.

!

Das Relativpronomen ‚che' (Bezügliches Fürwort)

Das Relativpronomen *che* ist unveränderlich. Es kann sich auf Personen und Sachen beziehen. *Che* steht immer ohne Präposition.

(Wer? Was?)	il signore / la signora **che** ha telefonato … der Herr / die Dame, der/die angerufen hat …
(Wen? Was?)	i guanti / le valigie **che** cerco … die Handschuhe/Koffer, die ich suche …

Mit Präpositionen verwendet man:

il quale, la quale, i quali, le quali oder cui (unveränderlich)	
männl. Sing.	Il paese nel quale (in cui) sono nato. Das Dorf, in dem ich geboren bin.
männl. Plur.	I ragazzi con i quali (con cui) ho parlato. Die Jungen, mit denen ich gesprochen habe.
weibl. Sing.	La città nella quale (in cui) abito. Die Stadt, in der ich lebe.
weibl. Plur.	Le ragazze delle quali (di cui) parlo Die Mädchen, von denen ich rede

Possessivpronomen (Besitzanzeigende Fürwörter)

	Besitz: Singular männlich		weiblich	Besitz: Plural männlich	weiblich
ein Besitzer	il mio	mein(er)	la mia	i miei	le mie
	il tuo	dein(er)	la tua	i tuoi	le tue
	il suo	sein(er)	la sua	i suoi	le sue
	il Suo	Ihr(er), ihr(er)	la Sua	i Suoi	le Sue
mehrere Besitzer	il nostro	unser(er)	la nostra	i nostri	le nostre
	il vostro	euer(er) Ihr(er)	la vostra	i vostri	le vostre
	il loro	ihr(er)	la loro	i loro	le loro
	il Loro	Ihr(er)	la Loro	i Loro	le Loro

- Possessivpronomen werden gewöhnlich mit dem bestimmten Artikel gebraucht: Dov'è l**a mia** borsa? Wo ist meine Tasche?

Sie stehen jedoch ohne Artikel
- vor Verwandtschaftsnamen im Singular: **mio** zio mein Onkel
- in einigen Wendungen, z. B. a casa **mia** bei mir zu Hause

- *Suo* bezieht sich auf einen männlichen oder weiblichen Besitzer, *loro* bezieht sich auf mehrere Besitzer:
  la **sua** chiave sein/ihr Schlüssel – la **loro** chiave ihr Schlüssel

Demonstrativpronomen (Hinweisende Fürwörter)

männlich	Singular	weiblich	männlich	Plural	weiblich
questo der hier, dieser		questa	questi		queste
quello der dort, jener		quella	quelli		quelle

Wenn „quello“ anstelle des Artikels steht, so nimmt es die Form des Bestimmten Artikels an:

Singular				Plural			
quel	pacco	jenes	Paket	quei	pacchi	jene	Pakete
quello	scolaro	jener	Schüler	quegli	scolari	jene	Schüler
quell'	uomo	jener	Mann	quegli	uomini	jene	Männer
quella	donna	jene	Frau	quelle	donne	jene	Frauen

Questa borsa mi piace. Diese Tasche gefällt mir. **Quest'** anno andremo a Roma. Dieses Jahr fahren wir nach Rom.	*Questo* bezieht sich auf Personen oder Sachen, die in unmittelbarer Nähe sind.
Conosce **quel** signore? Kennen Sie den Herrn (dort)? Che abito prende? – **Quello** rosso. Welches Kleid …? – Das rote.	*Quello* bezieht sich auf Personen oder Sachen, die nicht in unmittelbarer Nähe sind.

!

Fragewörter

Wer? Wen? An wen? Wem?	**Chi** è venuto? Wer ist gekommen? **Chi** cerca? Wen suchen Sie? **A chi** scrive? Wem schreiben Sie?
Was?	**Che cosa** desidera? Was wünschen Sie?
Was für ... ?	**Che** libro è questo? Was für ein Buch ist das?
Welcher?	**Quale** strada? Welche Straße? **Qual** è la sua macchina? Welches ist Ihr Auto?
Wieviel?	**Quanto** costa? Wieviel kostet es? **Quanti** chilometri? Wieviel Kilometer?
Wo? Wohin? Woher?	**Dove** si trova ...? Wo befindet sich ...? **Dove** va? Wohin gehen Sie? **Da dove** viene? Woher kommen Sie?
Wann? Um wieviel Uhr? Wie lange?	**Quando** aprono i negozi? Wann öffnen die Geschäfte? **A che ora** parte? Um wieviel Uhr fahren Sie? **Quanto** devo aspettare? Wie lange muß ich warten?
Wie? Warum?	**Come** funziona? Wie funktioniert das? **Perché** non funziona? Warum funktioniert es nicht?

Das Verb (Zeitwort)

Das Präsens (Gegenwart)

- Verbformen werden gewöhnlich ohne Personalpronomen verwendet (s. S. 200): **Abbiamo** tempo. Wir haben Zeit.
- Als Höflichkeitsform verwendet man
  - die 3. Person Singular, wenn man eine Person anredet:
    Ha tempo, signor/signora Neri? Haben Sie Zeit, Herr/Frau N.?
  - die 2. Person Plural oder (sehr formell) die 3. Person Plural, wenn man mehrere Personen anredet:
    Avete tempo? / **Hanno** tempo, signori?
    Haben Sie Zeit (, meine Herrn)?

avere, essere

	avẹre	haben	ẹssere	sein
io	ho	ich habe	sono	ich bin
tu	hai	du hast	sei	du bist
lui	ha	er hat	è	er ist
lei		sie hat, Sie haben		sie ist, Sie sind
noi	abbiạmo	wir haben	siạmo	wir sind
voi	avẹte	ihr habt, Sie haben	siẹte	ihr seid, Sie sind
loro	hạnno	sie haben, Sie haben	sono	sie sind, Sie sind

- c'è da ist, es gibt – ci sono da sind, es gibt

Regelmäßige Verben

Nach ihrer Infinitivendung werden die italienischen Verben in drei Gruppen (Konjugationen) eingeteilt.

	Verben auf -are		-ere	-ire	
	parlạre sprechen		vẹndere verkaufen	partịre abreisen	capịre verstehen
io	pạrl**o**	ich spreche	vẹnd**o**	pạrt**o**	cap**ịsco**
tu	pạrl**i**	du sprichst	vẹnd**i**	pạrt**i**	cap**ịsci**
lui / lei / lei	pạrl**a**	er spricht / sie spricht / Sie sprechen	vẹnd**e**	pạrt**e**	cap**ịsce**
noi	parl**iạmo**	wir sprechen	vend**iạmo**	part**iạmo**	cap**iạmo**
voi	parl**ạte**	ihr sprecht / Sie sprechen	vend**ẹte**	part**ịte**	cap**ịte**
loro	pạrl**ano**	sie sprechen / Sie sprechen	vẹnd**ono**	pạrt**ono**	cap**ịscono**

- Verben auf *-ere* haben im Infinitiv den Ton teils auf dem Stamm (z. B. vẹndere), teils auf der Endung (z. B. vedẹre sehen)
- Wie *capire:* finire enden, preferire bevorzugen, construire bauen, spedire senden, ubbidire folgen, pulire putzen
- Wie *partire:* dormire schlafen, sentire hören, aprire öffnen
- Bei Verben auf *-care/gare* wird vor *i* der Endung ein stummes *h* eingefügt: pag**hi**

Der Imperativ (Befehlsform)

	Vertrauliche Anrede		Höfliche Anrede	
	Singular	Plural	Singular	Plural
avere haben	ạbbi hab ...!	abbiạte habt ...!	ạbbia haben Sie ...!	abbiạte/ạbbiano
essere sein	sịi sei ...!	siạte seid ...!	sịa seien Sie ...!	siạte/sịano
parl**are** sprechen	pạrl**a** sprich!	parl**ạte** sprecht!	pạrl**i** sprechen Sie!	parl**ạte**/pạrl**ino**
prend**ere** nehmen	prẹnd**i** nimm!	prend**ẹte** nehmt!	prẹnd**a** nehmen Sie!	prend**ẹte**/prẹn**dano**
sent**ire** hören	sẹnt**i** höre!	sent**ịte** hört!	sẹnt**a** hören Sie!	sent**ịte**/sẹnt**ano**
fin**ire** aufhören	finịsc**i** hör auf ...!	fin**ịte** hört auf ...!	finịsc**a** hören Sie auf ...!	fin**ịte**/finịsc**ano**

- Wie im Deutschen wird auch die 1. Person Singular als Imperativ gebraucht: And**iamo.** Gehen wir!
- Personalpronomen der unbetonten Form (s. S. 201) und Reflexivpronomen (s. S. 202) werden an den bejahenden Imperativ angehängt (außer in der 3. Person):
  Compra**lo**. Kauf es! Comprate**lo.** Kauft es! Ferma**ti.** Bleib stehen!
  Aber: **Lo** compri. Kaufen Sie es! **Si** fermi. Bleiben Sie stehen!
- Beim verneinten Imperativ wird dem Verb *non* vorangestellt; in der 2. Person Singular verwendet man dabei den Infinitiv: **non aspettate** wartet nicht! –**non aspettare** warte nicht!

!

Das Perfekt (Vollendete Gegenwart)

Das Partizip Perfekt (Mittelwort der Vergangenheit)

Hilfsverben		Regelmäßige Verben auf		
		-are	-ere	-ire
avere	essere	parl**are**	vend**ere**	cap**ire**
avuto	**stato**	parl**ato**	vend**uto**	cap**ito**
gehabt	gewesen	gesprochen	verkauft	verstanden
Partizipendung:		-ato	-uto	-ito

- Verben mit unregelmäßigem Partizip Perfekt (s. auch S. 211):

accendere anzünden	acceso	rompere zerbrechen	rotto
aprire öffnen	aperto	scendere hinunter-/aussteigen	sceso
chiedere fragen/bitten	chiesto	scrivere schreiben	scritto
chiudere schließen	chiuso	spegnere löschen, ausmachen	spento
correre laufen	corso	spendere ausgeben	speso
fare tun/machen	fatto	vedere sehen	visto
leggere lesen	letto	vivere leben	vissuto
mettere setzen/stellen/legen/anziehen	messo		
offrire anbieten	offerto		

Das Perfekt mit ‚avere' und ‚essere'

Das Perfekt bildet man mit dem Präsens des Hilfsverbs
- *avere* (haben) + Partizip Perfekt: ho avuto ich habe gehabt
- *essere* (sein) + Partizip Perfekt; dabei richtet sich das Partizip in Geschlecht und Zahl nach dem Subjekt:
  Le mie amiche sono stat**e** a Roma. Meine Freundinnen sind in Rom gewesen.

Perfekt mit *avere*	Perfekt mit *essere*	
	Subjekt: männlich	weiblich
ho capito ich habe verstanden	sono andat**o** ich bin gegangen	sono andat**a**
hai capito du hast verstanden	sei andat**o** du bist gegangen	sei andat**a**
ha capito er/sie hat verstanden Sie haben verstanden	è andat**o** er ist gegangen Sie sind gegangen	è andat**a** sie ist gegangen Sie sind gegangen
abbiamo capito wir haben verstanden	siamo andat**i** wir sind gegangen	siamo andat**e**
avete capito ihr habt verstanden Sie haben verstanden	siete andat**i** ihr seid gegangen Sie sind gegangen	siete andat**e**
hanno capito sie haben verstanden Sie haben verstanden	sono andat**i** sie sind gegangen Sie sind gegangen	sono andat**e**

- Abweichend vom Deutschen bildet man das Perfekt
  - mit *essere* bei reflexiven Verben (s. S. 207).
  - mit *avere* bei *viaggiare* reisen, *passeggiare* spazierengehen, *nuotare* schwimmen, *sciare* Ski fahren.
    Abbiamo viaggiato molto. Wir sind viel gereist.
  - mit *essere* oder *avere* bei Modalverben (*potere, dovere, volere*).
    Non ho voluto mangiare. Ich habe nicht essen wollen.
    È voluto andare a Roma. Er hat nach Rom fahren wollen.

Futur und Konditional (Zukunft und Bedingungsform)

Das Futur

	-are		-ere	-ire
	comprare		vendere	partire
io	compr**erò**	ich werde	vend**erò**	part**irò**
tu	compr**erại**	kaufen	vend**erai**	part**irai**
lui lei	compr**erà**		vend**erà**	part**irà**
noi	compr**erẹmo**		vend**eremo**	part**iremo**
voi	compr**erẹte**		vend**erete**	part**irete**
loro	compr**erạnno**		vend**eranno**	part**iranno**

Das Konditional

io	compre**rẹi** ich würde	vend**erei**	part**irei**
tu	compre**rẹsti** kaufen	vend**eresti**	part**iresti**
lui lei	compre**rẹbbe**	vend**erebbe**	part**irebbe**
noi	compre**rẹmmo**	vend**eremmo**	part**iremmo**
voi	compre**rẹste**	vend**ereste**	part**ireste**
loro	compre**rẹbbero**	vend**erebbero**	part**irebbero**

- Das Konditional wird oft in höflichen Wendungen gebraucht:
  Vorrei una camera singola. Ich möchte ein Einzelzimmer.
  Avrebbe un fiammifero? Hätten Sie ein Streichholz?
  Mi **potrebbe** aiutare? Könnten Sie mir helfen?
- Verben auf *-care/gare* schieben vor *e* der Endung ein stummes *h* ein: pa**gh**eremo wir werden zahlen

Wichtige unregelmäßige Verben

andare gehen fahren – andato gegangen, gefahren

Präsens	vado	vai	va	andiamo	andate	vanno
Imperativ		va'	vada		andate	vadano
Futur	andrò etc.			*Konditional:* andrei etc.		

avẹre haben – avuto gehabt

Präsens	ho	hai	ha	abbiamo	avete	hanno
Imperativ		abbi	abbia		abbiate	abbiano
Futur	avrò etc.			*Konditional:* avrei etc.		

bere trinken – bevuto getrunken

Präsens	bevo	bevi	beve	beviamo	bevete	bevono
Imperativ		bevi	beva		bevete	bevano
Futur	berrò etc.			*Konditional:* berrei etc.		

dare geben – dato gegeben

Präsens	do	dai	da	diamo	date	danno
Imperativ		da'	dia		date	diano
Futur	darò etc.			*Konditional:* darei etc.		

dire sagen – detto gesagt

Präsens	dico	dici	dice	diciamo	dite	dicono
Imperativ		di'	dica		dite	dicano
Futur	dirò etc.			*Konditional:* direi etc.		

dovẹre müssen, sollen, schulden – dovuto gemußt/müssen

Präsens	devo	devi	deve	dobbiamo	dovete	devono
Futur	dovrò etc.			*Konditional:* dovrei etc.		

- Ha dovuto pagare. Er hat zahlen müssen.
  È dovuto venire. Er hat kommen müssen.

ẹssere sein – stato gewesen

Präsens	sono	sei	è	siamo	siete	sono
Imperativ		sii	sia		siate	siano
Futur	sarò etc.			*Konditional:* sarei etc.		

fare tun, machen – fatto gemacht

Präsens	faccio	fai	fa	facciamo	fate	fanno
Imperativ		fa'	faccia		fate	facciano
Futur	farò etc.			*Konditional:* farei etc.		

potẹre können – potuto gekonnt

Präsens	posso	puoi	può	possiamo	potete	possono
Futur	potrò etc.			*Konditional:* potrei etc.		

- Non ha potuto vedere Maria. Er hat Maria nicht sehen dürfen.
  Non è potuto venire. Er hat nicht kommen können.
  Mi potrebbe dire …? Könnten Sie mir sagen, …?

rimanẹre bleiben – rimasto geblieben

Präs.	rimango	rimani	rimane	rimaniamo	rimanete	rimangono
Imp.		rimani	rimanga		rimanete	rimangono
Fut.	rimarrò etc.			*Konditional:* rimarrei etc.		

salịre steigen, einsteigen – salito (ein)gestiegen

Präsens	salgo	sali	sale	saliamo	salite	salgono
Imperativ		sali	salga		salite	salgano

sapẹre wissen, können – saputo gewußt

Präsens	so	sai	sa	sappiamo	sapete	sanno
Futur	saprò etc.			*Konditional:* saprei etc.		

scẹgliere (aus)wählen – scelto (aus)gewählt

Präsens	scelgo	scegli	sceglie	scegliamo	scegliete	scelgono
Imperativ		scegli	scelga		scegliete	scelgono

stare stehen, sein, bleiben – stato gewesen

Präsens	sto	stai	sta	stiamo	state	stanno
Imperativ		sta'	stia		state	stiano
Futur	starò etc.			*Konditional:* starei etc.		

tenẹre halten – tenuto gehalten

Präsens	tengo	tieni	tiene	teniamo	tenete	tengono
Imperativ		tieni	tenga		tenete	tengano

uscịre hinausgehen, ausgehen – uscito (hin)ausgegangen

Präsens	esco	esci	esce	usciamo	uscite	escono
Imperativ		esci	esca		uscite	escano

venịre kommen – venuto gekommen

Präsens	vengo	vieni	viene	veniamo	venite	vengono
Imperativ		vieni	venga		venite	vengano
Futur	verrò etc.			*Konditional:* verrei etc.		

volẹre wollen – voluto gewollt/wollen

Präsens	voglio	vuoi	vuole	vogliamo	volete	vogliono
Futur	vorrò etc.			*Konditional:* vorrei etc.		

- Non ha voluto parlare. Er hat nicht sprechen wollen.
  Non è voluto venire. Er hat nicht kommen wollen.
  Vorrei un gelato. Ich möchte ein Eis.

Verb + Objekt (Zeitwort + Satzergänzung)

Bei einer Reihe von Verben steht abweichend vom Deutschen ein

Akkusativobjekt		(Deutsch: Dativobjekt)	
aiutare ascoltare ringraziare seguire	la signora	der Dame	helfen zuhören danken folgen
Dativobjekt		**(Deutsch: Akkusativobjekt)**	
chiedere domandare parlare telefonare	alla signora	die Dame	fragen, bitten fragen, bitten sprechen anrufen

Bei Verben mit Akkusativ- und Dativobjekt steht gewöhnlich das Akkusativobjekt (Sachobjekt) vor dem Dativobjekt (Personenobjekt): dare qualcosa a qualcuno jemandem etwas geben.

	Akkusativ	Dativ	
Ha dato	la borsa	alla signora.	Er hat der Dame die Tasche gegeben.
Chiede	la strada	a un passante.	Er fragt einen Passanten nach dem Weg.

Die Wortstellung

Die regelmäßige Wortstellung im Aussagesatz ist

	Subjekt	Verb	Satzergänzung	
	Carla	compra	la borsa.	C. kauft die Tasche.
Oggi	Carla	ha comprato	la borsa.	Heute hat C. die Tasche gekauft.

Das Subjekt wird jedoch dem Verb nachgestellt

Oggi è arrivata Carla. Heute ist C. angekommen.	wenn das Subjekt besonders hervorgehoben werden soll.
Dov'è la mia borsa? Wo ist meine Tasche?	in Fragesätzen.

- Fragesätze ohne Fragewort haben meist die regelmäßige Wortstellung des Aussagesatzes:
  Ha visto il signor Neri? Haben Sie Herrn Neri gesehen?

Die Verneinung

no

È stanco?	– **No,** signora. Sind Sie müde? – Nein.
Pioverà?	– Speriamo **di no.** Wird es regnen? – Hoffentlich nicht.

non

	non Verb	
Perché	**non** è venuto?	Warum ist er nicht gekommen?
Gina	**non** ha tempo.	Gina hat keine Zeit.

- Zwischen *non* und Verb stehen unbetonte Pronomen sowie *ci* (da, dort) und *ne* (davon):
  Non lo vedo. Ich sehe ihn/es nicht.
  Non ci sono panini. Es gibt keine Brötchen.

non … nessuno/nulla/niente/mai etc.

Non c'è **nessuno.**	Es ist niemand/keiner da.
Non voglio **nulla/niente.**	Ich will nichts.
Non fumo **mai.**	Ich rauche nie.
Non fumo **più.**	Ich rauche nicht mehr.
Non beve **né** vino **né** birra.	Er trinkt weder Wein noch Bier.

- Wird der zweite Teil der Verneinung dem Verb vorangestellt, entfällt *non*: Nessuno è venuto. Niemand ist gekommen.

Wörterbuch Deutsch–Italienisch

Das themenbezogene Vokabular finden Sie in den Wortlisten der Kapitel 1–11.

A

ab da
abbestellen *(Zimmer, Fahr-, Flugkarten)* disdire
abbrechen spezzare, interrọmpere
Abend sera
aber ma
abfahren (von) partire (da)
Abfall spazzatura
abgeben consegnare
abgelegen appartato
abholen andare a prẹndere; ~ **lassen** mandare a prendere
Abkürzung abbreviazione *f; (Weg)* scorciatọia
abladen scaricare
ablaufen svọlgere, svọlgersi
ablehnen rifiutare
abnehmen diminuire; *(dünner werden)* dimagrire
Abreise partenza
abreisen (nach) partire (per)
Absatz *(Schuhe)* tacco
Abschied nehmen prẹndere congedo
abschließen chiụdere (a chiave)
Abschnitt tagliando
Absicht intenzione *(f)*
absichtlich apposta
Abstand distanza
abstellen deporre; *(parken)* parcheggiare; *(mech)* fermare, arrestare
abwärts in giù
abwesend assente
achtgeben (auf) fare attenzione (a)
Achtung! attenzione!
Adresse indirizzo
adressieren indirizzare
Adria Adriạtico
Agentur agenzịa
ähnlich sịmile
Ahnung idẹa; **keine ~!** non ne ho idẹa!
akklimatisieren, s. ~ acclimatarsi
Algen alghe *(pl)*
alle tutti, tutte; ~ **Tage** tutti i giorni; ~ **zwei Stunden** ogni due ore; **auf ~ Fälle** in ogni caso
allein solo
alles tutto
allgemein generale; **im ~en** in generale
als *(zeitlich)* quando; *(bei Vergleich)* di, che; **besser** ~ mẹglio di / mẹglio che; ~ **ob** come se; **nichts** ~ niẹn t'ạltro che
also dunque, allora
alt vẹcchio; *(aus früheren Zeiten)* antico
Alter età
Amt *(Dienststelle)* uffịcio
amtlich ufficiale
amüsieren, s. ~ divertirsi
an a; *(nahe bei, neben)* vicino a; **am Tiber** sul Tẹvere
anbieten offrire
Andenken ricordo
andere, der ~ l'altro; **ein ~r** un altro; **ein andermal** un'altra volta
ändern cambiare, modificare
anders *(adj)* diverso; *(adv)* diversamente
anderswo altrove
anderthalb uno e mezzo
Anfang inịzio
anfangen cominciare, iniziare
Angabe indicazione *(f)*; ~**n machen** dare delle indicazioni; **nähere ~n** descrizione *(f)* dettagliata
Angelegenheit faccenda, questione *(f)*; **eine ~ erledigen** sbrigare un affare
angeln pescare con l'amo (la lenza)
angenehm piacẹvole; *(beim Vorstellen)* piacere, molto lieto/a
Angst paụra
anhalten fermare, fermarsi
Anhänger/in seguace *(m, f)*, sostenitore *(m)*/sostenitrice *(f)*
anklopfen bussare
Anlage impianto; *(Brief)* allegato
Anlaß *(Grund)* motivo; *(Gelegenheit)* occasione *(f)*
anmachen *(Licht)* accẹndere
anmelden annunciare; **s.** ~ iscrịversi
Annahme accettazione *(f)*; *(Vermutung)* supposizione *(f)*
annehmen accettare; *(vermuten)* supporre
anprobieren provare
anrufen telefonare
anschauen guardare
anscheinend apparentemente
Anschrift indirizzo
ansehen guardare
Ansicht vista; *(Meinung)* opinione *(f)*

anspringen avviarsi, mẹttersi in moto
anstatt invece di
anstrengend faticoso
Anstrengung sforzo
Antwort risposta
antworten rispọndere
anwenden usare; *(Gesetz)* applicare
Anwendung uso, applicazione *(f)*
anwesend presente
Anzeige *(Inserat)* annụncio; *(bei der Polizei)* denụncia
anziehen mẹttersi; **s.** ~ vestirsi
anzünden accẹndere
Apparat apparẹcchio; *(Radio)* apparẹcchio radio; *(Foto)* mạcchina fotogrạfica
Appetit appetito
Arbeit lavoro; *(Anstellung)* impiẹgo
arbeiten lavorare
arbeitslos disoccupato
ärgern, s. ~ **(über)** arrabbiarsi (per)
arm pọvero
Art modo, maniẹra
Artikel artịcolo
Atem respiro, respirazione *(f)*
auch anche; *(nachgestellt)* pure; ~ **nicht** neppure
auf su, sopra; *(offen)* aperto; ~ **der Straße** per strada, sulla strada; ~ **Italienisch** in italiano; ~ **der Reise** in viạgio; ~ **die/der Post** alla posta; ~ **einmal** d'improvviso
aufbewahren custodire, conservare
aufbrechen forzare, scassinare; *(fortgehen)* mẹttersi in cammino
Aufenthalt soggiorno; *(Zug)* fermata
auffordern invitare
aufgeben *(Gepäck)* consegnare; *(Post)* imbucare; *(verzichten)* rinunciare, darsi per vinto
aufhalten, s. ~ trattenersi
aufhängen appẹndere
aufhören smẹttere
aufladen caricare
aufmachen aprire
aufmerksam attento
Aufnahme *(Empfang)* accoglienza; *(Foto)* fotografịa
aufnehmen *(Foto)* fotografare; *(empfangen)* accogliere; *(figürlich, bildlich)* incidere, registrare
aufpassen (auf) stare attento (a)
aufpumpen gonfiare
aufrufen chiamare
aufschieben rimandare
aufschreiben prescrịvere
Aufschub dilazione *(f)*
Aufseher *(Wächter)* guardiano
aufstehen alzarsi
aufstellen compilare
aufwachen svegliarsi
aufwärts verso l'alto, in su
aufwecken svegliare
Aufzeichnung nota
Auge ọcchio
Augenblick istante *(m)*
aus *(Herkunft)* da, di; **er ist** ~ **Rom** é di Roma; **ein Brief** ~ **Rom** una lettera da Roma; *(Material)* di; **ein Kleid** ~ **Seide** un vestito di seta; *(Grund)* a causa di; ~ **diesem Grund** per questo motivo
Ausbildung formazione *(f)*, istruzione *(f)*
Ausdruck espressione *(f)*
ausdrücklich espressamente
Ausfahrt uscita
ausführen *(Arbeit)* eseguịre; *(Comm)* esportare
ausführlich dettagliatamente
Ausgaben spese *(pl)*
Ausgang uscita
ausgeben spẹndere
ausgehen uscire
ausgeschlossen escluso
ausgezeichnet eccellente
Auskunft informazione *(f)*; ~ **einholen** chiẹdere un'informazione; ~**sstelle** uffịcio informazioni
Ausland ẹstero; **im/ins** ~ all'ẹstero
Ausländer straniẹro
ausländisch ẹstero, straniẹro
ausmachen tọgliere; *(löschen)* spẹgnere; *(betragen)* ammontare
Ausnahme eccezione *(f)*
auspacken disfare (la valịgia)
ausreisen partire (per l'ẹstero)
ausrichten preparare, riferire
ausruhen, s. ~ riposarsi
aussehen avẹr l'aspetto
außen fuọri; **von** ~ dal di fuọri
außer eccetto, tranne
außerdem inoltre
außergewöhnlich straordinạrio
außerhalb fuori di
äußerlich esterno, esteriore
Aussicht vista
Aussprache pronụncia
aussprechen pronunciare
Ausstattung corredo, dotazione *(f)*
aussuchen scẹgliere
Austausch scạmbio
austauschen scambiare
ausüben *(Beruf)* esercitare, praticare

Ausverkauf svẹndita
Auswahl scelta
Ausweis *(Personal~)* tẹssera, carta d'identità
ausziehen *(Kleider)* tọgliersi; **s. ~** svestirsi, spogliarsi
Auto ạuto *f*, mạcchina; **~ fahren** guidare
Automat *(Waren)* distributore *(m)* automạtico
automatisch automạtico

B

Baby neonato
Bad bagno; **~eanstalt** stabilimento balneare
baden fare il bagno
Badeort località marittima
bald presto; **so ~ wie möglich** al più presto possịbile
Ball palla, pallone *(m)*; *(Fest)* ballo
Band, das ~ nastro; **der ~** volume *(m)*, libro
Bank banca; *(Sitz~)* panchina
bar zahlen pagare in contanti
Batterie batteria; *(für Taschenlampe)* pila
bauen costruire
Bauer contadino
Bauernhof fattorịa
Baum ạlbero
beabsichtigen avere l'intenzione, intendere
beachten osservare
Beanstandung reclamo
beantworten rispọndere
bearbeiten lavorare
Becher tazza
Bedauern dispiacere *(m)*
bedauern dispiacere, essere spiacente
bedecken coprire
bedeuten significare
bedeutend importante
Bedeutung *(Sinn)* significato; *(Wichtigkeit)* importanza
bedienen servire
Bedienung servịzio
Bedingung condizione *(f)*
beeilen, s. ~ affrettarsi
beenden finire
befinden, s. ~ trovarsi
befolgen seguire, attenersi
befördern trasportare; *(im Rang)* promuọvere
befreundet sein ẹssere in amicịzia
befriedigt soddisfatto
befürchten temere
begegnen incontrare
begeistert (von) entusiasta (di)
Beginn inịzio
beginnen iniziare
begleiten accompagnare
Begleitung accompagnamento, compagnia
begrüßen salutare
behalten tenere
Behälter recipiente *(m)*
behandeln trattare, curare
Behandlung trattamento, cura
behaupten affermare
behilflich, jdm ~ sein essere d'aiụto a qlc
Behörde autorità pụbblica
bei *(nahe)* vicino a; **~ Tag/Nacht** di giorno/notte; **~ Tisch** a tạvola; **~m Essen** mangiando; **~ diesem Wetter** con questo tempo
beide tutti e due
Beifall applauso
Beileid condoglianze *(pl)*
beinahe quasi
Beispiel esẹmpio; **zum ~** per esẹmpio
beißen mọrdere; *(jucken)* prụdere, pizzicare
bekannt noto; **~ sein** ẹssere noto; **~ machen** farender noto
Bekannte, der, die conoscente *(f, m)*
Bekanntschaft conoscenza
beklagen, s. ~ (über) lamentarsi (di)
bekommen ricẹvere
belästigen infastidire
belegen, einen Platz ~ occupare un posto
beleidigen offẹndere
Beleidigung offesa
beleuchtet illuminato
Belgien Bẹlgio *(m)*
Belgier/in belga *(m/f)*
Belieben, nach ~ a piacere
belohnen ricompensare
Belohnung ricompensa
bemerken notare, accorgersi (di); *(sagen)* rilevare, osservare
bemühen, s. ~ sforzarsi
benachrichtigen avvertire
Benehmen comportamento
benötigen aver bisogno di
benutzen usare; *(Verkehrsmittel)* prendere
Benzin benzina
beobachten osservare
bequem cọmodo

Bequemlichkeit comodità
berechnen calcolare
berechtigt autorizzato
bereit pronto
bereits già
Berg monte *(m)*
bergab in giù, in discesa
bergauf in su, in salita
Bericht rapporto
Beruf professione *(f)*
beruhigen, s. ~ tranquillizzarsi
berühmt famoso
berühren toccare
Berührung contatto
beschädigen danneggiare
Beschädigung danno
beschaffen procurare
beschäftigt occupato
Bescheid informazione *(f)*, notizia
bescheinigen certificare
beschleunigen accelerare
beschließen decịdere
beschreiben descrịvere
beschützen protẹggere
Beschwerde reclamo
beschweren, s. ~ **(über)** reclamare (per)
besetzt *(Platz)* occupato; *(voll)* tutto pieno
besichtigen visitare
Besitz possesso; *(Eigentum)* proprietà
besitzen possedere
Besitzer proprietạrio
besonders particolarmente
besorgen procurare, provvedere
besorgt preoccupato
Besorgung commissione *(f)*
besser mẹglio
bestätigen confermare
beste(r, s) migliore *(f, m)*
bestehen auf insistere su; ~ **aus** essere costituito da
bestimmt *(adj)* certo; *(adv)* certamente
Besuch vịsita
besuchen, jdn ~ far vịsita a qlc
beten pregare
betrachten guardare; *(ansehen als)* considerare
beträchtlich considerẹvole
Betrag importo, somma
betragen ammontare
betreffend concernente
betreten entrare (in)
betrinken, s. ~ ubriacarsi
Betrug *(Gaunerei)* inganno; *(Handel)* frode *(f)*
betrügen ingannare
betrunken ubriạco, brillo; *(leicht)* un po' allegro
Bett letto; **zu** ~ **gehen** andare a letto
beunruhigen, s. ~ inquietarsi, preoccuparsi
beurteilen giudicare
Beutel borsa
bevor prima di
bewachen sorvegliare
bewegen muọvere
bewegt *(Gefühl)* commosso; *(Meer)* agitato, mosso
Bewegung movimento
Beweis prova
beweisen provare
Bewohner abitante *(f, m)*
bewundern ammirare
bewußt consciẹnte
bezahlen pagare
bezaubernd incantẹvole
Bezeichnung indicazione *(f)*
beziehen, s. ~ **auf** riferirsi a
biegen piegare, voltare
Biene ape *(f)*
bieten offrire
Bild *(Foto)* foto *(f)*; *(Abbildung)* illustrazione *(f)*; *(Gemälde)* quadro
bilden formare
billig non caro, economico, a buon mercato
binden legare
Bindfaden spago
Birne *(el)* lampadina; *(Frucht)* pera
bis fino a; ~ **jetzt** finora
bißchen, ein ~ un po'
Bitte domanda
bitte prego; per favore; **wie** ~? come scusi?
bitten, jdn um etw ~ chiẹdere qc a qlc
bitter amaro
Blatt *(Papier)* fọglio; *(Laub)* fọglia
bleiben rimanere
bleich pạllido
Blick sguardo; *(Ausblick)* vista, panorama *(m)*
blind ciẹco
blinken *(funkeln)* luccicare; *(Auto)* lampeggiare
Blitz fụlmine *(m)*; *(Foto)* flash *(m)*
blöd(e) scemo
blühen fiorire
Blume fiore *(m)*
Boden suolo; *(Fuß~)* pavimento
Boot barca
Bord, an ~ **gehen** andare a bordo
böse cattivo; *(verärgert)* arrabbiato
Botschaft *(dipl. Vertretung)* ambasciạta

Brand incẹndio
Braten arrosto
braten arrostire; *(in der Pfanne)* frịggere
brauchen avẹr bisogno di; *(Zeit)* impiegare
braun marrone; *(gebräunt)* abbronzato
brechen rọmpere
breit largo
brennen bruciare
Brief lẹttera
Brieftasche portafọglio
Briefwechsel corrispondenza
Brille occhiạli *(pl)*
bringen *(her~)* portare; *(weg~)* portar via
Bruder fratello
Brunnen fontana; *(Quelle)* fonte *(f)*
Buch libro
buchen *(Platz)* prenotare
Büchse barạttolo, scạtola; *(Konserve)* scạtola di conserva; ~**nöffner** apriscạtole *(m)*
buchstabieren sillabare
Bucht golfo
Bügeleisen ferro da stiro
Bummel passeggiata, giro
Bund patto, alleanza
bunt a colori, multicolore; *(abwechslungsreich)* vạrio
Büro uffịcio
Bürste spạzzola
bürsten spazzolare
Busch cespụglio

C

Café caffè *(m)*
Chauffeur autista *(m)*
Chef capo
Chor coro
Cousin/e cugino/cugina

D

da *(dort)* là; *(Grund)* perché; *(Zeit)* allora
dafür, ~**sein** essere favorẹvole
dagegen, ~**sein** essere contrạrio
daheim a casa
daher *(Grund)* perciò
damals allora
Dame signora
danach poi, dopo
danke grạzie
dankbar grato
danken ringraziare
dann poi
das questo
dasein *(anwesend)* essere presente
daß che
dasselbe lo stesso
Datum data
Dauer durata
dauern durare
dazu in più, oltre a ciò
Decke *(Bett~)* coperta; *(Zimmer~)* soffitto
defekt difettoso
dein (il)tuo
demnächst tra breve
denken an pensare a
denn poiché
derselbe lo stesso
deshalb perciò
deutlich chiạro
deutsch tedesco
Deutsche, der, die tedesco, tedesca
Deutschland la Germạnia
Dia diapositiva
Diagnose diạgnosi *(f)*
dich ti, te
dicht *(Nebel)* fitto; ~ **dabei** vicino
dick grosso, spesso; *(Person)* grasso; *(geschwollen)* gọnfio
dienen servire
Dienst servịzio; *(Gefälligkeit)* piacere
diese(r, s) questo, questa
Ding cosa
dir ti, a te
direkt *(adj)* diretto; *(adv)* direttamente; *(sofort)* immediatamente
Direktion direzione *(f)*
Direktor direttore *(m)*
doch certo, sì
Doktor dottore *(m)*
Dokument documento
doppelt *(adj)* dọppio; *(adv)* doppiamente
Dorf villạggio
dort là, lì; ~ **oben/unten** lassù, laggiù; ~**hin** là, lì
dorthin là, in quel luogo
Dose scạtola; ~**nöffner** apriscạtole *(m)*
Draht filo
draußen fuori
drehen girare
drin, drinnen dentro
dringend urgente
dritte(r, -s) terzo, terza
Drittel, ein ~ un terzo

A/Z

drittens terzo, in terzo luogo
drüben dall'altra parte
drücken *(stoßen)* spịngere; *(Knopf)* prẹmere
du tu
dumm stụpido, scemo
dunkel scuro
dünn sottile; *(schlank)* snello
durch *(quer)* attraverso; *(Mittel)* per, con; *(Passiv)* da
durchaus assolutamente, del tutto
Durchfahrt passạggio
Durchgang trạnsito, passạggio
Durchreise, auf der ~ di passạggio; **~visum** permesso di trạnsito
durchschnittlich *(adj)* mẹdio; *(adv)* in mẹdia
dürfen potere
Durst sete *(f)*
durstig assetato

E

eben *(flach)* piano; *(zeitlich)* prọprio ora
Ebene pianura
echt vero, autẹntico
Ecke ạngolo
Ehe matrimọnio; **~frau** mọglie *(f)*; **~mann** marito; **~paar** cọniugi *(pl)*
eher *(lieber)* piuttosto
Ehering fede *(f)*
Ehre onore *(m)*
Ei uọvo
eigen proprio; *(eigenartig)* speciale; *(seltsam)* strano
Eigenschaft qualità
eigentlich vero, in fondo
Eigentümer proprietạrio
eilig frettoloso; **es ~ haben** avẹr fretta
ein(e) un/uno/una
einander l'un l'altro
einbiegen svoltare; **~ nach rechts/ links** svoltare a destra/ sinistra
Eindruck impressione *(f)*
einfach sẹmplice
Einfahrt entrata
Einfuhr importazione *(f)*
Eingang ingresso
einheimisch indịgeno, del posto
einig sein ẹssere d'accordo
einige alcuni, alcune
einigen conciliare, accordarsi
einkaufen fare la spesa
einladen invitare
Einladung invito
einmal una volta
einpacken confezionare, fare le valige, prendere su
einreisen entrare (in un paese)
eins uno
einsam solo, solitạrio
einschalten accẹndere
einschlafen addormentarsi
einschließen chiụdere, inclụdere, comprẹndere
eintreffen arrivare
eintreten entrare
Eintritt entrata, ingresso; **~ verboten!** vietato l'ingresso; **~skarte** biglietto d'ingresso
Eintrittspreis prezzo del biglietto d'ingresso
Einverständnis accordo
einwerfen *(Briefe)* imbucare
einwickeln involtare
einwilligen acconsentire
Einwohner abitante *(f, m)*
Einzelheit dettaglio, particolare *(m)*
einzeln singolo
einzig ụnico
Eis ghiaccio; *(Speise~)* gelato
Eisen ferro
elektrisch elẹttrico
Eltern genitori *(pl)*
emanzipiert emancipato
Empfang ricevimento; **~sbestätigung** ricevuta
empfangen ricẹvere
empfehlen raccomandare
Empfehlung raccomandazione *(f)*
Ende fine *(f)*; **am ~** alla fine
enden finire
endgültig *(adj)* definitivo; *(adv)* definitivamente
endlich finalmente
eng stretto
englisch inglese
Enkel/in nipote *(m, f)*
entdecken scoprire
entfernt lontano
Entfernung lontananza
entgegengesetzt opposto
enthalten contenere
entlang lungo
entscheiden decịdere
entschließen, s. ~ decịdersi
entschlossen sein ẹssere deciso
Entschluß risoluzione *(f)*, decisione *(f)*
entschuldigen scusare; **~ Sie bitte!** scusi tanto!; **s. ~** scusarsi
Entschuldigung scusa; **Ich bitte um ~!** chiedo scusa!

enttäuscht deluso
entweder ... oder o ... o. . .
entwickeln sviluppare
Entwicklung sviluppo
entzückend incantẹvole
entzückt incantato
er lui
Erde terra
Erdgeschoß pianoterra, pianterreno
ereignen, s. ~ accadere
Ereignis avvenimento
erfahren venire a sapere; *(adj)* esperto
Erfahrung esperienza
erfinden inventare
Erfolg successo
erfreut (über) lieto (di)
Erfrischung rinfresco, rinfrescate, *(Erholung)* ristoro
Ergebnis risultato
ergreifen afferrare
erhalten ricẹvere; *(durch Bemühung)* ottenere
erhältlich in vẹndita
erhöhen *(Preise)* aumentare
erholen, s. ~ rimẹttersi, riposarsi
Erholung riposo, ristabilimento
erinnern, jdn an etw ~ ricordare a qlc qc; **s.** ~ ricordarsi
erkennen riconọscere
erklären dichiarare; *(deutlich machen)* spiegare
erkundigen, s. ~ informarsi
erlangen ottenere
erlauben permẹttere
Erlaubnis permesso
erledigen sbrigare
Ermäßigung riduzione *(f)*
ermöglichen rẹnder possịbile
erneuern rinnovare
ernst sẹrio
Ernte raccolta, raccolto
erreichen raggiụngere
Ersatz *(Schaden~)* indennizzo, risarcimento
erscheinen apparire; *(Buch)* ẹssere pubblicato, uscire
erschöpft esaurito
erschrecken spaventare; *(erschrokken sein)* spaventato
ersetzen sostituịre; *(Schaden)* risarcire
erst *(zuerst)* prima; *(nicht früher als)* solo, soltanto
erste(r, -s) primo/prima
erstens primo, in primo luogo
erstklassig di prima qualità
ertragen sopportare
Erwachsene(r) adulto/adulta
erwarten aspettare
erwidern replicare
erzählen raccontare
erzeugen produrre
Erzeugnis prodotto
Erziehung educazione *(f)*
es gibt c'è, ci sono
Esel ạsino
eßbar commestịbile
Essen mangiare; **essen** mangiare
etwa circa
etwas qualcosa; *(ein wenig)* un po'
euch vi, *(betont acc)* voi, *(dat)* a voi
euer il vostro
Europa Europa
Europäer/in europẹo/europẹa,
europäisch europẹo
eventuell *(adv)* eventualmente
extra speciale, a parte, apposta

F

Fabrik fạbbrica
Faden filo
fähig capace
fahren andare; *(lenken)* guidare
Fahrer conducente *(m)*
Fahrgast passeggero
Fahrstuhl ascensore *(m)*
Fahrt viạggio
fair leale
Fall *(Vorfall)* caso
fallen cadere
falls casomai
falsch sbagliato; *(betrügerisch)* falso
Familie famịglia; ~**nname** cognome *(m)*
fangen prẹndere
Farbe colore *(m)*
farbig colorato
fast quasi
faul pigro; *(Obst)* marcio
Feder penna; *(elastisch)* molla
fehlen mancare
Fehler *(den man macht)* sbạglio; *(den man hat)* difetto
feierlich solenne
Feiertag giorno festivo
feilschen contrattare
fein *(dünn)* sottile, fine ; *(vornehm)* fine; *(zart)* delicato, fine
Feld campo
Fell pelo, pellịccia
Fels rọccia
Ferien fẹrie *(pl)*; **in** ~ in fẹrie
Fernglas binọcolo, cannochiạle *(m)*
fertig *(bereit)* pronto; *(vollendet)* finito

fest fermo, saldo; *(~ stehend)* fisso; *(hart)* duro
Fest festa
festsetzen stabilire
fett grasso
feucht ụmido
Feuer fuọco
feuergefährlich infiammạbile
Feuerlöscher estintore *(m)*
Feuermelder segnalatore *(m)* d'incendio
Feuerwehr vigili *(pl)* del fuoco, pompieri *(pl)*
Feuerwerk fuochi *(pl)* d'artifịcio
Feuerzeug accendino
Filiale filiạle *(f)*
Film pellịcola; *(Kino)* film *(m)*
Filter filtro
finden trovare
finster oscuro
Firma ditta
Fisch pesce *(m)*; ~ **händler** pescivẹndolo
fischen pescare
fit in forma
flach piatto
Flamme fiamma
Flasche bottịglia
Fleck(en) mạcchia; ~ **mittel** smacchiatore *(m)*
Fleisch carne *(f)*
fleißig diligente
flicken rammendare
Fliege mosca
fliegen volare
fließen scọrrere
Flirt flirt *(m)*
Fluß fiụme *(m)*
flüssig lịquido
folgen seguire; *(gehorchen)* ubbidire
fordern chiẹdere
Forderung richiesta, pretesa
Form forma
Format formato
Formular formulạrio, mọdulo
fort via
Fortschritt progresso
fortsetzen continuare
forttragen portạr via
Foto foto *(f)*, fotografia
Fotoapparat mạcchina fotogrạfica
fotografieren fotografare
Fracht nolo
Frage domanda; *(Problem)* questione *(f)*, problema *(m)*
fragen mandare
französisch francese
Frau donna; *(Anrede vor Namen)* signora; *(Ehe~)* moglie *(f)*
Fräulein signorina
frei lịbero; *(gratis)* gratụito; ~ *(von Abgaben)* esente da dạzio; **im Freien** all'aperto
fremd ; *(ausländisch)* stranịero; *(unbekannt)* sconosciụto
Fremde, der, die forestiero, forestiera; *(Ausländer)* straniero/a; ~ **nführer** guida *(f)*
Freude giọia
freuen, s. ~ **über/auf** rallegrarsi di
Freund/in amico/amica
freundlich amichẹvole
Freundlichkeit gentilezza, cortesịa
Freundschaft amicịzia
Friede pace *(f)*
frieren avẹr freddo
frisch fresco; *(Wäsche)* pulito
froh *(zufrieden)* contento; *(glücklich)* felice; *(lustig)* allegro
früh presto
früher *(eher)* prima
frühstücken fare colazione *(f)*
fühlen sentire
führen condurre, guidare
Führer *(für Fremde)* guịda
füllen riempire
Fundbüro uffịcio oggetti smarriti
Funke scintilla
funktionieren funzionare
für per
Furcht paụra
fürchten temere; **s.** ~ **vor** avẹr paụra di
fürchterlich spaventoso
Fußgänger pedone *(m)*
Futter *(Tiernahrung)* forạggio, mangime *(m)*; *(Schneiderei)* fodera

G

gähnen sbadigliare
Gang *(Auto)* mạrcia; *(Durchgang)* passạggio; *(Essen)* portata, piatto; *(Flur)* corridọio
ganz *(adj)* tutto, *(adv)* interamente, completamente
Ganze, das ~ il tutto
gar *(gekocht)* cotto; ~ **nicht** per niente
Garage garạge *(m)*
Garantie garanzịa
Garten giardino
Gast ọspite *(m)*
Gastfreundschaft ospitalità
Gastgeber/in ospite *(m, f)*, padrone/padrona di casa

Gasthaus/Gasthof trattoria
Gebäude edificio
geben dare
Gebet preghiera
geboren nato
Gebrauch uso
gebrauchen usare
gebräuchlich in uso, usato; *(Ausdruck)* corrente
Gebühren tasse *(pl)*
Geburt nascita; ~**sort** luogo di nascita
gebürtig aus nativo di
Geburtstag compleanno
Gedanke pensiero
Geduld pazienza
geduldig paziente
Gefahr pericolo
gefährlich pericoloso
Gefallen favore *(m)*; **gefallen** piacere
Gefälligkeit cortesia, favore *(m)*
Gefäß vaso
Gefühl sentimento
gegen contro; *(in Richtung auf, zeitlich)* verso
Gegend regione *(f)*, luogo
Gegenstand oggetto; *(Gesprächs~)* argomento
Gegenteil contrario; **im** ~ al contrario
gegenüber di fronte
Gegenwert equivalente *m*
geheim segreto
gehen andare; *(zu Fuß)* camminare; **geradeaus**~ andare diritto; **vorwärts**~ andare avanti; **zurück**~ tornare in dietro
gehören appartenere
Gelände terreno
Geld denaro; ~**beutel** portamonete *(m)*; ~**strafe** ammenda, multa; ~**stück** moneta; ~**wechsel** cambio
Gelegenheit occasione *(f)*
gelegentlich *(adv)* occasionalmente
gelten essere valido
gemein villano, cattivo; *(ordinär)* volgare
gemeinsam *(adj)* comune; *(adv)* insieme
gemischt misto
gemütlich accogliente, confortevole
genau preciso; ~ **so … wie** tanto … quanto
Genauigkeit precisione *(f)*
genehmigen permettere; *(Gesuch)* accogliere
genießen godere
genug sufficiente
Genuß godimento
geöffnet aperto
gerade diritto; *(zeitlich)* proprio in questo minuto
geradeaus diritto
Geräusch rumore *(m)*
gerecht giusto
Gericht *(Essen)* piatto, portata; *(Justiz)* tribunale *(m)*
gering scarso; ~**er** inferiore **das**~ il minimo
gern volentieri; **nicht** ~ di mala voglia
Geruch odore *(m)*
Gesang canto
Geschäft *(Laden)* negozio; *(Handel)* affare *(m)*
geschehen succedere; **was ist** ~**?** cosa è successo?
Geschenk regalo
Geschichte storia
geschickt abile
geschlossen chiuso
Geschmack gusto, sapore *(m)*
Geschwindigkeit velocità
Gesellschaft società, associazione *(f)*, compagnia
Gespräch conversazione *(f)*
gesund sano
Gesundheit salute *(f)*
getrennt separato
gewähren concedere
gewaltig potente, violento
Gewebe tessuto
Gewicht peso
Gewinn vincita, guadagno
gewinnen vincere, guadagnare
gewiß *(adj)* certo; *(adv)* certamente
gewissenhaft coscienzioso
Gewitter temporale *(m)*
gewöhnen, s. ~ **an** abituarsi a
Gewohnheit abitudine *(f)*
gewöhnlich comune; *(ordinär)* ordinario, grossolano; **wie** ~ come d'abitudine
gewohnt solito, consueto
gibt, es gibt c'è, ci sono
Gift veleno
giftig velenoso
Gipfel cima, punta
Gips gesso
Gitarre chitarra
Gitter cancello
glänzen brillare
glänzend brillante
Glas *(Scheibe)* vetro; *(Trink~)* bicchiere *(m)*
glatt piano, liscio
Glaube fede *(f)*

glauben crẹdere
gleich uguale; *(sofort)* sụbito
gleichen assomigliare
gleichfalls altrettạnto
gleichwertig equivalente
gleichzeitig contemporạneo
Glück felicità; *(Erfolg)* fortuna; **viel ~!** buona fortuna!
glücklich felice, fortunato
Glückwunsch augụrio
Glut brace *(f)*
Gott Dio; **~ sei Dank!** grazie a Dio!
Grad grado
gratis gratis
gratulieren congratularsi, fare gli auguri
Grenze frontiẹra, confine *(m)*
Griff *(Hand~)* impugnatura
groß grande; *(bedeutend)* importante; *(Statur)* alto
großartig grandioso
Größe *(Ausdehnung, geistige)* grandezza; *(Kleidung, Schuhe)* misura; *(Körper~)* statura
Großmutter nonna
Großvater nonno
Grund causa; *(Beweg~)* motivo
Gruppe gruppo
grüßen salutare
gültig vạlido
Gültigkeit validità
günstig favorẹvole
gut *(adj)* buono; *(adv)* bene
Gutschein buọno

H

haben avere
Hahn gallo; *(Wasser~)* rubinetto
Haken uncino, gạncio; *(Kleider~)* gancio (dell'attaccapanni)
halb mezzo
Hälfte metà
Halle sala, padiglione *(m)*
hallo *(Tel)* pronto; *(Gruß)* ciao
halt! alt!
haltbar inalterạbile, a lunga conservazione
halten tenere; *(stehen bleiben)* fermarsi; *(dauern)* durare
Hammer martello
Hand mano *(f)*
handgemacht fatto a mano
Hang *(Ab~)* pendịo
hängen *(auf~)* appẹndere
hart duro
Härte durezza
häßlich brutto
häufig *(adv)* spesso
Haupteingang ingresso principale
hauptsächlich *(adj)* principale; *(adv)* principalmente
Hauptstadt capitale *(f)*
Haus casa
Haustür porta d'ingresso
heben alzare
Heft quaderno
heilig santo, solenne
Heimat pạtria
heimlich *(adj)* segreto, *(adv)* di nascosto
Heimreise ritorno in pạtria, rientro
Heirat matrimọnio
heiraten sposare
heiß caldo
heißen chiamarsi, significare
heiter sereno
heizen riscaldare
Heizöl olio combustịbile
hektisch nervoso
helfen jdm ~ aiutare qlc
hell chiạro
herabsetzen *(Preise)* abbassare
heraufsetzen *(Preise)* alzare
herausgeben *(Geld)* rẹndere
herb aspro, acerbo
herein! avanti!
hereinkommen entrare, venire dentro
Hering aringa
Herr signore; *(vor Namen)* signọr
herrlich magnịfico, splẹndido
Herz cuọre *(m)*
herzlich cordialmente
Herzlichkeit cordialità
heute oggi; **~ abend** stasera; **~ nacht** stanotte
hier qui; **~her** qui
Hilfe aiụto; **erste ~** pronto soccorso
Himmel cielo
hinaufgehen andare su, salire
hinausgehen uscire
hindern impedire
hineingehen entrare
hinlegen mẹttere; **s. ~** sdraiarsi
hinsetzen, s. ~ sedersi
hinten/r dietro
hinterlassen lasciare; *(gesagt lassen)* lasciar detto
hinterlegen depositare
hinuntergehen scẹndere
hinzufügen aggiụngere
Hobby hobby *(m)*
hoch alto
höchstens al mạssimo

Hochzeit *(Feier)* nozze *(pl)*
Hof cortile *(m)*
hoffen sperare
höflich cortese
Höflichkeit cortesịa
Höhe altezza; *(~punkt)* punto culminante
Höhepunkt cụlmine *(m)*, ạpice *(m)*
holen prẹndere, andare a prẹndere
Holz legno; *(Brenn~)* legna
Honorar onorạrio
hören udire, sentire; **zu~** ascoltare
Hotel hotẹl *(m)*
hübsch grazioso, bellino
Hügel collina
Hund cane *(m)*
hundert cento; **~mal** cento volte
Hunger fame *(f)*
hungrig affamato
husten tossire
Hütte capanna; *(Alpenhütte)* bạita

I

ich ịo
Idee idẹa
ihr *(poss prn, f)* (il) suo, la sua
Imbiß spuntino
immer sempre
imstande sein essere capace di
in in
inbegriffen compreso
informieren informare
Inhalt contenuto
Inland territọrio nazionale, interno
innen dentro
Innere, das ~ interno
innerhalb *(zeitlich)* entro
Insekt insetto
Insel ịsola
Inserat annụncio
interessant interessante
Interesse interesse *(m)*
interessieren, s. ~ (für) interessarsi (di)
international internazionale
inzwischen frattanto
irgendein(e, er, es) uno/una qualsiasi
irgendwie in qualche modo
irgendwo, ~hin da qualche parte, in qualche posto
irren, s. ~ sbagliarsi
Irrtum errore *(m)*
Italien Itạlia
Italiener/in italiạno/italiạna
italienisch italiano

J

Jahr anno
Jahreszeit stagione *(f)*
jährlich annuale
je *(jedesmal)* per volta; *(pro)* per, a
jeder *(adj)* ogni; *(prn)* ognuno, ciascuno; **~ beliebige** *(adj)* qualsịasi; *(prn)* chiụnque
jedesmal ogni volta
jedoch ma, però
jemals mai
jemand qualcuno
jene/r/s quello, quella
jenseits al di là
jetzt ora
jucken prudere
Jugend gioventù *(f)*, i giọvani *(pl)*
Jugendherberge ostello per la gioventù
Jugoslawe iugoslavo
Jugoslawien Iugoslạvia
Jugoslawin iugoslava
jugoslawisch iugoslavo
jung giọvane
Junge ragazzo
Junggeselle scạpolo

K

Kabine cabina
Kaffee caffè *(m)*
Kahn barca
Kakerlak scarafạggio
kalt freddo
Kanal canale *(m)*
Kapelle *(Gebäude)* cappella; *(Musik~)* banda (musicale)
kaputt rotto
Karte cartolina; **Eintritts~** biglietto; **Land~** carta geografica; **Post~** cartolina postale; **Speise~** lista, menù *(m)*
Kasse cassa
Katze gatta, *(Kater)* gatto
Kauf cọmpera
kaufen comprare
Käufer compratore *(m)*; *(Kunde)* cliẹnte *(m)*
Kaufhaus supermercato, i grandi magazzini
Kaugummi gomma da masticare
kaum appena
Kaution cauzione *(f)*
kein nessuno; **~er** nessuno
keine(r, s) alcuno, nessuno
keinesfalls in nessun caso

A/Z

kennen conọscere
kennenlernen, jdn conọscere qd, fare la conoscenza di qd
Kenntnis conoscenza, nozione *(f)*
Kennzeichen contrassegnare
Keramik cerạmica
Kerze candela
Kette catena; *(Hals~)* collana
Kind bambino
Kissen cuscino
Kiste cassa
Klang suono
klar chiaro
Klasse classe *(f)*
Kleidung abbigliamento
klein pịccolo; *(Statur)* basso
Klima clima *(m)*
Klingel campanello
klingeln suonare
klug intelligente
knipsen fotografare
Knopf bottone *(m)*
Knoten nodo
kochen cucinare; *(Kaffee, Tee)* fare; *(Wasser)* bollire
Koffer valịgia
Kohle carbone *(m)*
Kollege collega *(f, m)*
kommen venire
Kompaß bụssola
Kondom preservativo, profilạttico
können potere; *(gelernt haben)* sapere
Konsulat consolato
konsultieren consultare
Kontakt contatto
kontrollieren controllare
Kopie cọpia
Korb cesto
Körper corpo
korrekt corretto
kosten costare
Kosten spese *(pl)*
kostenlos gratis
kostspielig costoso
Kraft forza
kräftig forte
krank malato; ~ **werden** ammalarsi
Krankenwagen autoambulanza
kreativ creativo
Kredit crẹdito
Kreuzung *(Straße)* incrọcio
Krieg guerra
kritisieren criticare
Küche cucina
Kuh mucca
kühl fresco
Kultur cultura
Kummer dolore *(m)*, dispiacere *(m)*
kümmern, s. ~ **um** occuparsi di
Kunde cliente *(m)*
Kurs corso; *(Wechsel~)* cambio
Kurve curva
kurz *(räumlich)* corto; *(zeitlich)* breve
kurzfristig a breve tẹrmine/scadenza
Kuß bạcio
küssen baciare
Küste costa

L

lachen rịdere
lächerlich ridịcolo
Laden negọzio
Lage situazione *(f)*; *(eines Ortes)* posizione *(f)*
Lampe lạmpada
Land paese *(m)*; *(Gegensatz zu Wasser)* terra
Landgut tenuta, proprietà terriera
Landhaus casa di campagna
Landsmann connazionale *(f, m)* compaesano/a
lang lungo
Länge lunghezza
langsam *(adj)* lento; *(adv)* lentamente, piano
langweilig noioso
Lärm rumore *(m)*, chiạsso
lassen lasciare
lästig seccante
laufen cọrrere
Laune umore *(m)*
laut rumoroso; ~ **sprechen** parlạr forte
läuten suonare
Lautsprecher altoparlante *(m)*
Leben vita; **leben** vịvere
lebend vivente
Lebensmittel alimentari *(pl)*
lebhaft vivace
Leder pelle *(f)*, cuọio
ledig *(Frau)* nụbile; *(Mann)* cẹlibe
leer vuọto
legen mẹttere
lehren insegnare
leicht fạcile; *(Gewicht)* leggero; *(geringfügig)* lieve
leider purtroppo
leihen prestare
leise piano, a bassa voce
Leiter, der direttore *(m)*; ~, **die** scala
Leiterin direttrice *(f)*
Leitung *(el)* lịnea; *(Gas, Wasser)* conduttura; *(tele)* lịnea
lernen imparare

lesen lẹggere
letzte(r, s) ụltimo/ụltima
leuchtend chiạro, brillante
Leuchtturm faro
leugnen negare
Leute gente *(f)*
Licht luce *(f)*; ~ **anmachen/ausmachen** accẹndere/, spẹgnere la luce
lieb caro; **jdn** ~ **haben** volẹr bene a qlc
Liebe amore *(m)*
lieben amare
liebenswürdig caro, gentile, amabile
Liebenswürdigkeit gentilezza, amabilità
lieber *(adv)* piuttosto; ~ **haben** preferire
Liebling *(Anrede)* tesoro
Lied canzone *(f)*
liefern fornire
liegen giacere; ~ **lassen** dimenticare
liegenlassen, etw ~ dimenticare, lasciare
Linie lịnea
linke(r, -s) sinistro/sinistra
links a sinistra
Liste lista
loben lodare
Loch buco
logisch lọgico
Lohn compenso, prẹmio, retribuzione *(f)*
Lokal *(Gaststätte)* ristorante *(m)*; *(Tanz~)* discoteca
löschen spẹgnere
lösen risọlvere
Luft ạria
lüften aerare, dare aria
Luftzug corrente *(f)* d'aria
Lüge bugịa
Lust vọglia
lustig allegro; *(erheiternd)* divertente
luxuriös lussuọso
Luxus lusso

M

machen fare; *(herstellen)* produrre; ~ **lassen** far fare
Mädchen ragazza
mager magro
Mahlzeit pasto
Mal volta; **ein**~ una volta; **zwei**~ due volte; **jedes**~ ogni volta
malen dipịngere
man si
Mangel *(Fehlen)* mancanza; *(Fehler)* difetto
Mann uọmo; *(Ehe~)* marito
männlich maschile
Mannschaft *(Sport)* squadra; *(Schiff)* equipạggio
Mappe *(Akten~)* cartella
Marke *(Brief~)* francobollo; *(Handels~)* marca
Maschine macchina
Maß misura
mäßig moderato
Material materiale *(m)*
Meer mare *(m)*
mehr più; ~ **als** più che, più di; ~ **oder weniger** più o meno
mein (il) mio; ~ **erseits** da parte mia
meinen pensare, ritenere, crẹdere
meinetwegen per me, per causa mia
Meinung opinione; **nach meiner** ~ secondo me
melden denunciare; *(berichten)* riferire
Menge quantità; *(Menschen~)* folla; **eine** ~ molto un mụcchio di
Mensch uọmo
menschlich umano
merken notare; **s. etw.** ~ tenere a mente qc
Messe *(rel)* messa; *(Ausstellung)* mostra, fiera
messen misurare
mich mi, me
Miete pigione *(f)*, affitto
mieten affittare
mild mite, dolce
mindestens per lo meno
minus meno
Minute minuto
mir mi, a me
Mißbrauch abuso
mißbrauchen abusare, violentare
mißtrauen, etw/jdm diffidare di qc, qlc/non fidarsi di qc, qlc
Mißverständnis malinteso
mißverstehen fraintẹndere
mit con
mitbringen portare con sè
Mitleid compassione *(f)*
mitnehmen portare con sé, portarsi dietro
Mittag mezzogiorno; ~ **essen** pranzo; ~ **s** a mezzogiorno
Mitte mezzo, centro
mitteilen comunicare
Mitteilung comunicazione *(f)*
Mittel mezzo; *(Heil~)* medicina

Mittelmeer Mediterrạneo
Mitternacht mezzanotte; **um** ~ a mezzanotte
Möbel mọbile *(m)*
möblieren ammobiliare
Mode moda
modern moderno
mögen *(gern haben)* piacere; *(wünschen)* volere
möglich possịbile
Möglichkeit possibilità
Mole molo
Moment momento, istante *(m)*
Monat mese *(m)*
monatlich mensile
Mond luna
Morgen mattino, mattina
Möwe gabbiano
Mücke zanzara
müde stanco
Mühe sforzo; **s.** ~ **geben** sforzarsi
Müll immondịzia
Mülltonne bidone *(m)* delle immondịzie
münden *(Fluß)* sboccare, sfociare; *(Straße)* finire, sboccare
Mündung sbocco, imboccatura
Münze moneta
Musik mụsica
müssen dovere
Muster modello; *(Probe)* campione *(m)*
Mutter madre *(f)*

N

nach *(zeitlich)* dopo; ~ **Bologna** a Bologna; ~ **Frankreich** in Frạncia; ~ **her** dopo
Nachbar/in vicino/vicina
nachgehen cedere
nachher dopo, poi
nachlässig negligente
Nachmittag pomerịggio; ~ **s** di pomerịggio
nachprüfen controllare
Nachricht notịzia
nachsehen seguire con lo sguardo, verificare, controllare
nächste prọssimo
Nacht notte *(f)*; **heute** ~ stanotte
Nachteil svantạggio, inconveniente *(m)*
nackt nudo
Nadel ago; **Sicherheits**~ spillo di sicurezza; **Steck**~ spillo
Nagel chiọdo
nahe vicino; **Nähe** vicinanza; ~ **bei** vicino a
nähern, s. ~ avvicinarsi
nahrhaft nutriente
Nahrung nutrimento; ~ **smittel** alimento
Nahrungsmittel alimento, cibo, prodotto alimentare
Name nome *(m)*
Namenstag onomạstico
naß bagnato; *(durchnäßt)* inzuppato
Nation nazione *(f)*
Natur natura
natürlich *(adj)* naturale; *(adv)* naturalmente
neben vicino a
neblig nebbioso
Neffe nipote *(m)*
negativ negativo
nehmen prẹndere
nennen chiamare
nervös nervoso
nett simpạtico; *(freundlich)* gentile
Netz rete *(f)*
neu nuovo; *(kürzlich)* recente
neugierig curioso
Neuheit novità
Neuigkeit novità
neulich l'altro giorno
nicht non; ~ **einmal** neppure; ~ **wahr?** non è vero? **gar** ~ niente affatto; **noch** ~ non ancora
Nichte nipote *(f)*
nichts niente; **sonst** ~ nient'altro
nie mai
nieder, niedrig basso
niemand nessuno
niesen starnutire
nirgends in nessun luogo
noch ancora; ~ **nicht** non ancora
Nonne mọnaca, suora
Norden nord *(m)*
nördlich a nord; ~ **von** a nord di
normal normale
normalerweise normalmente, di sọlito
Notfall, im ~ in caso di bisogno
notieren notare
nötig necessạrio
notwendig necessạrio
Notwendigkeit necessità
nüchtern *(mit leerem Magen)* digiuno; *(mäßig)* sọbrio; *(sachlich)* obiettivo
numerieren numerare
Nummer numero
nun ora
nur solo, soltanto
nützlich ụtile
nutzlos inụtile

O

ob se
oben sopra, sù; **dort** ~ lassù; **nach** ~ sù
obwohl benché
oder oppure
Ofen stufa
offen aperto
öffentlich pubblico
offiziell ufficiale
öffnen aprire
Öffnungszeit orario d'apertura (al pubblico)
oft spesso
ohne senza
ohnmächtig svenuto, senza conoscenza
Öl olio
Onkel zio
operieren operare
Orden *(rel)* ordine *(m)*
ordentlich *(geordnet)* ordinato; *(anständig)* pebene
Ordnung ordine *(m)*
Ort luogo; ~**schaft** località
Osten est *(m)*
Österreich Austria
Österreicher/in austriaco/austriaca
Ozean oceano

P

Paar, ein ~ un paio di; *(Ehe~)* coppia; **paar, ein** ~ alcuni
Päckchen pacchetto
packen *(Koffer)* fare le valigie
Packung pacco, involucro, *(med)* impacco
Paket pacco
Panorama panorama *(m)*
Park parco, giardino pubblico
parken parcheggiare
Party party, festa
Paß passaporto; *(Gebirge)* passo
Passage passaggio, galleria
passen andar bene
passieren succedere
Pauschale forfait *(m)*, importo forfettario
Pelz pelliccia
Peripherie periferia
Person persona
Personal personale *(m)*
Personalien generalità *(pl)*
persönlich personale
Pfad sentiero
Pfand pegno; ~**leihe** monte *(m)* di pietà
Pfeife pipa
Pflanze pianta
Pflicht dovere *(m)*
pflücken cogliere
Plakat manifesto, cartellone *(m)*
Plan piano; *(Absicht, Entwurf)* progetto
Plastik *(Kunststoff)* plastica; *(Bildhauerkunst)* plastico, scultura
Platte *(Gericht)* piatto, pietanza; *(Schall~)* disco; *(Langspiel~)* long-playing, 33 giri
Plattenspieler giradischi *(m)*
Platz piazza; *(Sitz~)* posto
platzen scoppiare
plötzlich improvviso
plus più
Politik politica
positiv positivo
Post posta
praktisch pratico
Predigt predica
Preis *(Geld)* prezzo; *(Sieges~, Gewinn)* premio
Priester prete *(m)*
prima di prima qualità, magnifico
privat privato
pro a, per
Probe prova
Produkt prodotto
Programm programma *(m)*
Prospekt prospetto
protestieren protestare
provisorisch provvisorio
Prozent percento
Prozentsatz percentuale *(f)*, tasso d'interesse
Prozession processione *(f)*
prüfen controllare
Prüfung esame *(m)*
Publikum pubblico
Pulver polvere *(f)*
Punkt punto
pünktlich *(adj)* puntuale, *(adv)* puntualmente
Puppe bambola
putzen pulire

Q

Qualität qualità
Qualle medusa
Quelle sorgente *(f)*, fonte *(f)*
quer durch attraverso
quittieren dare la ricevuta
Quittung ricevuta

A/Z

R

Rabatt sconto
Radio rạdio *(f)*; ~**apparat** apparẹcchio rạdio
Rand orlo
rasch *(adj)* svelto, rạpido; *(adv)* rapidamente
Rasen prato
rasieren radere, fare la barba
Rat consịglio
raten consigliare; *(erraten)* indovinare
Rauch fumo
rauchen fumare
Raum spạzio; *(Räumlichkeit)* locale *(m)*
rechnen calcolare; **zusammen**~ sommare
Rechnung conto; ~**sbetrag** importo
Recht diritto
recht haben avẹr ragiọne
rechte(r, -s) destro, destra
rechts a destra
rechtzeitig *(adv)* a tempo, in tempo
reden discọrrere, parlare
regelmäßig regolare
regeln regolare
Regierung governo
regnen piọvere
reich ricco
reichen *(aus~)* bastare; *(s. erstrekken)* estẹndersi; *(über~)* pọrgere
reichlich ricco, abbondante
Reichtum ricchezza
reif maturo
Reihe fila
reinigen pulire
Reinigung *(Geschäft)* lavanderịa a secco
Reise viạggio; ~**büro** agenzia di viạggi
Reiseführer guida *(m)*
Reisegesellschaft comitiva
reisen viaggiare; ~ **nach** andare a
Reisende, der viaggiatore *(m)*
Reiseroute itinerạrio
reißen *(ziehen)* tirare; *(kaputtgehen)* rọmpersi
Reklame reclame *(f)*
reklamieren reclamare
rennen cọrrere
Reparatur riparazione *(f)*; ~**werkstatt** officina
reparieren riparare
reservieren riservare
Rest resto; ~**e** gli avanzi; *(Stoff~)* scạmpolo
Restaurant ristorante *(m)*
retten salvare
Revue varietà *(m)*; *(Zeitschrift)* rivista
richtig giusto; *(geeignet)* adatto; ~**stellen** rettificare, mẹttere a posto
richtigstellen, etw ~ rettificare/ corrẹgere qc
Richtung direzione *(f)*
riechen sentire; ~ **nach** sapere di
Riegel chiavistello
Riemen cịnghia
Ring anello
Risiko rịschio
Rohr tubo
Route itinerạrio
Rückfahrt viạggio di ritorno
Rückkehr ritorno
Rucksack zạino
Rücksicht riguardo
rücksichtslos senza riguardo, sconsiderato
rückwärts all'indietro
rufen chiamare
Ruhe riposo; *(seelisch)* pace *(f)*; *(Stille)* silẹnzio
ruhen *(aus~)* riposarsi
ruhig tranquillo
rund rotondo
Runde giro

S

Saal sala
Sache cosa; *(Angelegenheit)* faccenda
Sack sacco
sagen dire
Saison stagione *(f)*; **außerhalb der** ~ fuori stagione; **Hoch**~ alta stagione
sammeln raccọgliere
Sammlung raccolta, collezione *(f)*
satt sazio, satollo
Satz frase *(f)*
sauber pulito
sauer ạcido
Schachtel scạtola
schade, es ist ~ è un peccato; **wie** ~! che peccato!
schaden nuọcere, danneggiare
Schaden danno; ~**ersatz** risarcimento dei danni
schädlich dannoso
Schaf pecora
schaffen conduttore *(m)*
Schalter sportello; *(el)* interruttore *(m)*
scharf *(Geruch)* acuto, forte; *(Geschmack)* piccante

Schatten ombra
schätzen stimare, valutare
schauen guardare
Schaufenster vetrina
Scheibe *(Fenster)* vetro; *(Brot)* fetta
Schein *(Geld~)* banconota; *(Anschein)* apparenza
scheinen sembrare; *(glänzen)* risplẹndere
schenken regalare
Schere fọrbici *(pl)*
Scherz scherzo
schicken mandare
schieben spịngere
schießen sparare
Schild insegna, targa, segnale *(m)*
Schilf canne *(pl)*, canneto
schimpfen imprecare, sgridare
Schirm ombrello
Schlaf sonno; ~**mittel** sonnịfero; ~**wagen** vagone letto; ~**zimmer** cạmera da letto
schlafen dormire
Schlag colpo
schlagen colpire; *(Uhr)* suonare, battere
Schlamm fango
Schlange serpente *(m)*; ~ **stehen** fare la fila
schlank snello
schlau furbo
Schlauch tubo
schlecht *(adj)* cattivo, *(Wetter)* brutto; *(adv)* male
schließen chiụdere
schlimm cattivo; ~**er** pẹggio; ~**st** pẹssimo
Schloß castello; *(Tür)* serratura
Schluck sorso
Schluß *(Ende)* fine *(f)*, finale *(m)*
schmal stretto
schmecken piacere; ~ **nach** sapere di
schmerzen far male
schmerzhaft doloroso
schminken, s. ~truccarsi
schmuggeln fare contrabbando
Schmutz sporcịzia; *(Schlamm)* fango
schmutzig sporco
schnarchen russare
schneiden tagliare
schneien nevicare
schnell *(adj)* rapido, veloce; *(adv)* presto, rapidamente, velocemente, in fretta
Schnelligkeit velocità; *(Eile)* fretta
Schnellimbiß spuntino
Schnur spago
Schnürsenkel laccio/stringa per scarpe
schon già
schön bello
Schönheit bellezza
schrecklich terrịbile
schreiben scrịvere
schreien gridare
Schrift *(Hand~)* calligrafịa
schriftlich per iscritto
Schritt passo
schüchtern intimidire
Schuh scarpa
Schuld colpa; *(Geld)* dẹbito
schulden dovẹre
Schule scuola
Schuß colpo
Schutz protezione *(f)*
schwach dẹbole
Schwäche debolezza
Schwager cognato
Schwägerin cognata
schwanger incinta, grạvida
Schweigen silẹnzio; **schweigen** tacere; ~**d** silenzioso
Schweiz Svịzzera *(f)*
Schweizer/in svịzzero/a, elvẹtico/a
schwer pesante; *(Krankheit)* grave; *(schwierig)* diffịcile
Schwester sorella; *(Kranken~)* infermiẹra; *(Ordens~)* suọra
schwierig diffịcile
Schwierigkeit difficoltà
schwimmen nuotare
schwindeln imbrogliare, raccontare bugie
Schwindler imbroglione *(m)*
schwitzen sudare
See *(Meer)* mare *(m)*; **der** ~ lago
Seeigel rịccio (di mare)
sehen vedere
sehr molto
Seil corda
sein *(poss prn)* (il)suo, la sua
seit da; ~ **wann?** da quando?
seitdem da quando, da allora
Seite parte *(f)*, lato; *(Buch)* pạgina
Sekunde secondo
selbst stesso
Selbstbedienung self-service
selten *(adj)* raro; *(adv)* raramente
senden inviare, mandare
Sendung *(Radio, Fernsehen)* trasmissione *(f)*
servieren servire
setzen mẹttere; **s.** ~ sedersi
Sex sesso
sicher *(adj)* sicuro; *(adv)* certamente

A/Z

Sicherheit sicurezza; *(Garantie)* garanzịa; ~**snadel** spillo di sicurezza

Sicherung *(el)* vạlvola (di sicurezza)

Sicht vista

sichtbar visịbile

sie lei, *(pl)* loro; **Sie** Lei, *(pl)* voi, Loro

Signal segnale *(m)*

singen cantare

Sinn senso

Sitz sede *(f); (Wohn~)* domicịlio

sitzen sedere

Skorpion scorpione *(m)*

so così

sofort sụbito

sogar pure, magari

Sohn fịglio

solch tale

sollen dovere

Sonder… speciale

sondern ma

Sonne sole *(m)*

Sonnenaufgang sọrgere del sole *(m)*

Sonnenbrille occhiali da sole *(pl)*

Sonnenschirm ombrellone *(m)*

Sonnenuntergang tramento (del sole)

sonnig soleggiato, assolato

sonst altrimenti; *(außerdem)* inoltre; *(Gegensatz)* se no

Sorge *(Pflege)* cura; *(Besorgnis)* preoccupazione *(f)*

sorgen für pensare a; **s. ~ um** preoccuparsi di

Sorgfalt accuratezza

sorgfältig accurato

Sorte spẹcie *(f); (Zigaretten)* marca

sparen risparmiare

Spaß *(Scherz)* scherzo; *(Vergnügen)* divertimento

spät tardi

später più tardi

spazierengehen passeggiare

Spaziergang passeggiata; **einen ~ machen** fare una passeggiata

Sperre *(Bahnhof)* cancello

Spesen spese *(pl)*

speziell speciale

spielen giocare; *(Klavier) suonore*

Spielzeug giocạttolo

Spiritus *(Brenn~)* spịrito, alcool; **~kocher** fornello a spịrito

spitz aguzzo, a punta

Spitze punta; *(Gebirge)* cima; *(Gewebe)* merletto, pizzo; **Finger~** punta del dito

Sport sport *(m);* ~**platz** campo sportivo

Sprache lịngua

sprechen parlare

springen saltare

Spur trạccia

Staat Stato *(m)*

Stadt città; ~**teil** quartiẹre *(m)*

Stadtplan pianta della città

stammen derivare, provenire, discẹndere

Stange stanga, palo

stark forte; *(dick)* grosso; *(beleibt)* corpulento

Stärke forza

starten partire, prẹndere il via

statt invece di

stattfinden aver luọgo

Staub pọlvere *(f)*

stechen pụngere

Stecknadel spillo

Steg passerella, pontile *(m)*

stehen stare (in piedi); ~**bleiben** fermarsi

stehlen rubare

steigen salire

steil rịpido

Stein piẹtra

steinig sassoso, pietroso

Stelle posto

stellen mẹttere

Stellung posizione *(f); (An~)* impiẹgo

Stempel timbro

sterben morire

Stern stella

stets sempre

still silenzioso

Stimme voce *(f)*

stimmen *(Musik)* accordare; *(Wahl)* votare

stinken puzzare

Stock bastone *(m);* ~**werk** piano

Stoff stoffa

stören disturbare

Störung disturbo; *(Unterbrechung)* l'interruzione *(f)*

Stoß spinta; *(Zusammen~)* scontro

stoßen spịngere

Strafe pena; *(Geld~)* multa

Strahl rạggio; *(Wasser~)* getto d'acqua

Strand spiạggia

Straße via, strada; *(Land~)* strada provinciale

Strauß *(Blumen)* mazzo

Strecke tratto; *(Bahn~)* lịnea

Streichholz fiammịfero

Streichholzschachtel scạtola di fiammịferi

Streit lite *(f),* la dịsputa

streiten litigare, bisticciare

streng severo
Strom *(Fluß)* fiume *(m)*; *(el)* corrente *(f)* (elettrica)
Strömung corrente *(f)*
Stück pezzo; **ein ~ Brot** un pezzo di pane
studieren studiare
Stuhl sẹdia
Stunde ora; **eine halbe ~** una mezz'ora; **eine Viertel~** un quarto d'ora; *(Unterrichts~)* ora, lezione *(f)*
Sturm tempesta
Sturz caduta
stürzen *(fallen)* cadere
suchen cercare
Süden sud *(m)*
südlich del sud, meridionale; **~ von** a sud di
Summe somma, importo
Sumpf palude *(f)*, pantano
süß dolce
Swimmingpool piscina
sympathisch simpạtico

T

Tabak tabacco
Tag giorno
tanken far benzina
Tante zia
Tanz ballo, danza
Tasche tasca; *(Hand~)* borsa
Tat azione *(f)*; *(~bestand)* circostanze *(pl)* di fatto; **in der ~** infatti
Tätigkeit attività
Tatsache fatto
täuschen, s. ~ sbagliarsi
tauschen cambiare
Taxi tassì *(m)*
Teil parte *(f)*
teilen divịdere; **mit jdm ~** divịdere con qlc
teilnehmen (an) prẹndere parte (a)
telefonieren telefonare
Teller piatto
Termin termine *(m)*, data; *(Frist)* scadenza
teuer caro
tief profondo; *(niedrig)* basso
Tier animale *(m)*
Tip suggerimento, consiglio
Tisch tạvolo, tạvola
Tochter fịglia
Tod morte *(f)*
Toilette toilette *(f)*, gabinetto
Toilettenpapier carta igiẹnica
Ton tono; *(Betonung)* accento; *(Farbe)* tono, tonalità; **~waren** cerạmiche *(pl)*
Topf *(Koch~)* pẹntola
Tor, das ~ portone *(m)*
tot morto
Tour gita, giro
Tourist/in turista *(m/f)*
Tracht costume *(m)* regionale
tragen portare; *(er~)* sopportare
Träger *(Gepäck~)* facchino
transportieren trasportare
Traum sogno
träumen sognare
traurig triste
treffen incontrare; *(an~)* trovare
trennen separare; *(teilen)* divịdere
Treppe scala
treu fedele
trinkbar potạbile
trinken bere
trocken secco, asciụtto
trocknen asciugare
Tropfen gọccia; **tropfen** gocciolare
trotz malgrado
trotzdem ciò nonostante, tuttavịa
trüb *(Flüssigkeit)* tọrbido; *(Wetter)* coperto
tschüß ciao
Tube tubo
Tuch panno; *(Lappen)* strạccio; *(Kopf~)* fazzoletto, foulạrd
tüchtig capace, bravo
tun fare
Tunnel tụnnel *(m)*, gallerịa
Tür porta; *(Haus~)* portone *(m)*
Tüte sacchetto
typisch tipico, caratteristico

U

übel *(böse)* malvạgio; *(schlecht)* cattivo, brutto; **mir ist ~** mi sento male
üben esercitare
über sopra, su
überall dappertutto
überbringen portare
überfallen attaccare, aggredire
überflüssig supẹrfluo
überfüllt affollato, pięno
Übergang passạggio
übergeben consegnare
überholen sorpassare
übernachten pernottare
übernehmen assụmere, prẹndere
überqueren attraversare
überrascht sorpreso

überreden persuadere
überschreiten passare
Übersee oltremare *(m)*
übersetzen tradurre
übertragbar cedịbile
übertrieben esagerato, eccessivo
überweisen *(Geld)* rimẹttere, inviare
überzeugen persuadere
üblich sọlito, abituạle
übrig rimanente; ~ **bleiben** rimanere, restare
übrigens del resto, d'altronde
Übung esercịzio
Ufer sponda
Uhr *(Armband~)* orolọgio da polso; *(Wand~)* orolọgio da parete
um *(herum)* intorno a; *(gegen)* verso; *(Zeitangabe)* alle
umarmen abbracciare
umgekehrt inverso; **in ~ er Richtung** nella direzione opposta
umkehren ritornare, tornare indiẹtro
Umrechnung conversione *(f)*, cạmbio
umsehen, s. ~ guardare, visitare
umsonst *(gratis)* gratis; *(vergeblich)* invano
Umstände circostanze *(pl)*
umsteigen cambiare
umtauschen cambiare
Umweg giro
Umwelt ambiente *(m)*
umziehen cambiare casa; **s.** ~ cambiarsi
unangenehm spiacẹvole
unanständig indecente
unbedingt *(adv)* assolutamente
unbekannt sconosciuto
unbequem scọmodo
unbeständig instạbile, variạbile
unbestimmt indeterminato
und e; ~ **so weiter** e così via, eccẹtera
undankbar ingrato
unecht falso
unentbehrlich indispensạbile
unentschlossen indeciso
unerfahren inesperto
unerfreulich spiacẹvole
unerträglich insopportạbile
unerwartet inaspettato
unerwünscht indesiderato
unfähig incapace
Unfall incidente *(m)*
unfreundlich sgarbato
ungeeignet inadatto
ungefähr circa, quasi
ungemütlich poco accogliẹnte
ungenau impreciso
ungenügend insufficiente
ungerecht ingiusto
Ungerechtigkeit ingiustizia
ungern malvolentieri
ungesund dannoso, malsano
ungewiß incerto, dụbbio
ungewöhnlich insọlito
unglaublich incredịbile
Unglück sfortuna, disgrạzia
unglücklich infelice, sfortunato
unglücklicherweise sfortunatamente, per disgrạzia
ungültig non vạlido
ungünstig sfavorẹvole
unhöflich scortese
Unkosten spese *(pl)*
unmittelbar *(adj)* immediato; *(adv)* immediatamente
unmodern fuori moda
unmöglich impossịbile
unnötig non necessạrio
unnütz inụtile
Unordnung disọrdine *(m)*
unpraktisch poco prạtico
Unrecht *(Ungerechtigkeit)* ingiustịzia; ~ **haben** avẹr torto
unregelmäßig irregolare
unruhig irrequiẹto, agitato
uns ci, *(betont acc)* noi, *(dat)* a noi
unschuldig innocente
unser (il)nostro
unsicher insicuro; *(ungewiß)* incerto
unten giù, dabbasso; **dort** ~ laggiù
unter sotto; *(zwischen)* tra, fra; ~ **anderem** fra l'altro
unterbrechen interrọmpere
Unterführung sottopassạggio
unterhalb sotto
unterhalten, s. ~ conversare, divertirsi
unterhaltend divertente
Unterhaltung *(Gespräch)* conversazione *(f)*; *(Vergnügen)* divertimento
Unterkunft allọggio
Unternehmen impresa
unterrichten informare; *(Schule)* far lezione
unterscheiden distịnguere; **s.** ~ **von** distịnguersi da
Unterschied differenza
unterschreiben firmare
Unterschrift firma
Unterstützung aiụto, appọggio
untersuchen esaminare; *(med)* visitare
unterwegs per la strada
unverbindlich senza impegno
unvermeidlich inevitạbile

unverschämt sfacciato
unvollständig incompiuto, incompleto
unvorsichtig imprudente
unwahrscheinlich improbạbile
unwichtig poco importante
unwohl indisposto
unzufrieden scontento
Urlaub vacanza, fẹrie *(pl)*
Ursache causa
Urteil giudịzio
urteilen giudicare

V

Vater padre *(m)*
Vaterland pạtria
verabreden, s. ~ darsi appuntamento
Verabredung appuntamento
verabschieden, s. ~ congedarsi, accomiatarsi
verändern cambiare
Veränderung cambiamento
veranstalten organizzare, allestire
Veranstaltung manifestazione *(f); (Aufführung)* spettạcolo
verantwortlich responsạbile
Verband *(med)* fasciatura; *(Bund)* associazione *(f)*; ~ **szeug** materiale *(m)* di medicazione
verbessern migliorare; *(Fehler)* corrẹggere
verbieten proibire
verbinden legare; *(tele)* mettere in comunicazione
Verbindung relazione *(f)*, rapporto, contatto; *(tele)* comunicazione *(f)*
Verbot divieto
verboten vietato
Verbrauch consumo
verbrauchen consumare
verbrennen bruciare
verbringen *(Zeit)* passare
Verdacht sospetto
verderben rovinare; *(schlecht werden)* andare a male
verdienen guadagnare; *(wert sein)* meritare
Verdienst, der ~ guadagno; **das** ~ mẹrito
verdorben ; *(faul)* guasto; *(sittlich)* corrotto
Verein associazione *(f)*
vereinbaren accordarsi su
Verfassung costituzione *(f); (Zustand)* stato
verfehlen sbagliare, mancare
Vergangenheit passato
vergehen *(Zeit)* passare
vergessen dimenticare
vergewaltigen violentare
Vergleich paragone *(m)*, confronto
vergleichen comparare, confrontare
Vergnügen piacere *(m)*
Verhandlung trattativa, dibạttito
verheimlichen nascọndere, celare
verheiratet mit sposato con
verhindern impedire
Verhütungsmittel anticoncezionale *(m)*
verirren, s. ~ smarrirsi
Verkauf vẹndita
verkaufen vẹndere
Verkehr trạffico
verkehren *(Verkehrsmittel)* circolare
Verkehrsbüro ente *(m)* per il turismo
verlangen chiẹdere; *(fordern)* esịgere
verlängern allungare; *(zeitlich)* prolungare
verlassen lasciare, abbandonare
Verletzte, der, die ~ ferito/ferita
verlieren pẹrdere
verloben, s. ~ **mit** fidanzarsi con
Verlobte, der, die fidanzato, fidanzata
Verlust pẹrdita
vermeiden evitare
vermieten affittare
Vermittler mediatore *(m)*
vermuten supporre
Vermutung supposizione *(f)*
vernachlässigen trascurare
vernünftig ragionẹvole
verpacken imballare
Verpackung imballạggio
Verpflegung alimentazione *(f)*, vitto
verpflichtet sein ẹssere obbligato
Verpflichtung ọbbligo
verrechnen, s. ~ sbagliarsi
verreisen partire
verrückt pazzo
versäumen *(verpassen)* pẹrdere
verschaffen procurare
verschieben *(zeitlich)* rimandare
verschieden diverso
verschließen chiụdere a chiave
Verschluß chiusura
verschwinden sparire
Versehen, aus ~ erroneamente, per sbạglio
versenden spedire
versichern assicurare
Versicherung assicurazione *(f)*
versorgen mit rifornire di
verspäten, s. ~ ritardare

Versprechen promessa; **versprechen** promẹttere
Verstand intelligenza; *(Vernunft)* ragione *(f)*
verständigen, jdn ~ informare qlc; **s.** ~ intendersi
verstecken nascọndere, celare
verstehen capire
verstopft intasato, otturato
Versuch tentativo
versuchen tentare; *(Speisen)* assaggiare
vertauschen scambiare
verteidigen difẹndere
verteilen distribuịre
Verteilung distribuzione *(f)*
Vertrag contratto
vertragen sopportare, tollerare
Vertrauen fidụcia
vertrauen auf fidarsi di
vertrauensvoll fiducioso
verunglücken avere un incidente/ infortụnio
verursachen causare
Verwaltung amministrazione *(f)*
verwandt imparentato
verwechseln scambiare
verwenden adoperare, usare
Verwendung uso
verwirklichen realizzare
Verzeichnis elenco
verzeihen scusare, perdonare
verzögern tardare
verzollen sdoganare
verzweifelt disperato
viel molto
vielleicht forse
vielmehr anzi
Viertel, ein ~ un quarto
Villa villa
Vogel uccello
Volk pọpolo
voll pięno; *(ganz)* tutto; *(~ besetzt)* pięno, al completo
vollenden terminare
vollkommen perfetto
Vollmacht dẹlega, procura
vollständig *(adj)* completo; *(adv)* completamente
Volt volt
von da, di
vor *(räumlich)* davanti a; *(zeitlich)* prima di; ~ **allem** soprattutto, anzitutto
voraus, im ~ in antịcipo
vorbei *(lokal)* davanti; *(temporal)* passato
vorbeigehen passare (da qlc/davanti a qc)
vorbeikommen passare (davanti)
vorbereiten preparare
vorbestellen prenotare
Vorfahrt precedenza
Vorfall fatto; *(Zwischenfall)* contrattempo, incidente *(m)*
vorgehen andare avanti
Vorhang tenda
vorher prima
vorläufig *(adv)* provvisoriamente
vorletzte(r, -s) penụltimo/penụltima
Vormittag mattina; ~**s** di mattina
vorn davanti
vornehm distinto
Vorort, Vorstadt sobborgo
Vorrat provvista
Vorschlag proposta
vorschlagen proporre
Vorschrift regolamento
Vorsicht precauzione *(f)*; ~**!** attenzione!
vorsichtig attento, cauto, prudente
Vorspeise antipasto
vorstellen presentare
Vorstellung presentazione *(f)*; *(Begriff)* idẹa; *(Theater)* rappresentazione *(f)*, spettạcolo
Vorteil vantạggio
vorteilhaft vantaggioso
vorüber passato
vorübergehen passare; ~**d** temporaneo, passeggero
vorübergehend passeggero, provvisọrio
Vorwand pretesto
vorwärts avanti
vorzeigen presentare
vorziehen preferire
Vorzug prẹgio; *(Vorteil)* vantạggio

W

Waage bilạncia
wach svẹglio
wachsen crẹscere
wagen osare
Wagen *(Zug)* vagone *(m)*; *(Auto)* auto, mạcchina
Wahl scelta, votazione *(f)*
wählen scẹgliere; *(Politik)* votare; *(tele)* formare il nụmero
wahr vero
während *(prp)* durante; *(conj)* mentre
Wahrheit verità
wahrscheinlich *(adj)* probạbile; *(adv)* probabilmente
Wahrscheinlichkeit probabilità

Wand parete *(f)*
wandern camminare, fare escursioni
Ware merce *(f)*; ~ **nhaus** i grandi magazzini
warm caldo
Wärme calore *(m)*
wärmen riscaldare
warnen (vor) avvertire (di)
warten aspettare
was cosa, che cosa; ~ **für ein/ eine … ?** quale … ?
Wäsche *(Bett~)* biancheria (per il letto); *(zum Waschen)* bucato; *(Unter~)* biancheria intima
waschen lavare
Wasser acqua
Watt *(el)* watt *(m)*
Wechsel cambio; *(Austausch)* scambio
Wechselgeld moneta, spiccioli *(pl)*
wechseln *(Geld)* cambiare
wecken svegliare
Wecker sveglia
weder … noch né … né
Weg via; *(Pfad)* sentiero; *(Straße)* strada
weg via
wegen a causa di, per
weggehen andar via
wegnehmen togliere
wegschicken mandar via
weiblich femminile
weich morbido; *(Ton, Farbe)* tenue
weigern, s. ~ rifiutarsi
weil perché
Weinberg vigneto, vigna
weinen piangere
Weise modo
weit *(Gegenteil von eng)* largo, ampio; *(Weg)* lungo; *(entfernt)* lontano
Welt mondo
wenden girare, voltare; **s. an jdn** ~ rivolgersi a qlc
wenig poco; **ein** ~ un po'; **ein** ~ **von …** un po' di; ~ **er** (di) meno; **das** ~ **ste** il meno
wenigstens almeno
wenn *(Bedingung)* se; *(zeitlich)* quando
werden diventare
werfen gettare
werktags nei giorni feriali
Wert valore *(m)*; **viel** ~ **sein** avere un grande valore
wertlos senza valore
Wertsachen oggetti *(pl)* di valore
Wespe vespa
Westen Occidente *(m)*
westlich occidentale
Wettbewerb concorso
Wette scommessa
wetten scommettere
Wetter tempo
wichtig importante
wie *(Frage)* come?; *(Vergleich)* come
wieder di nuovo; *(noch einmal)* ancora una volta
wiederbekommen riavere
wiedergeben ridare
wiederholen ripetere
wiederkommen ritornare
wiedersehen rivedere
wiegen pesare
Wiese prato
Wild selvaggina; **wild** selvaggio, feroce
willkommen benvenuto
windig ventoso
Winkel *(Ecke)* angolo
winken far segno
wir noi
wirklich reale; *(echt)* vero ; *(adv)* veramente
Wirklichkeit realtà
wirksam efficace
Wirkung effetto
Wirt padrone *(m)*, oste *(m)*
Wissen sapere *(m)*; **wissen** sapere
Witz barzelletta
Woche settimana; **in einer** ~ fra una settimana
wochentags durante la settimana
wöchentlich *(adj)* settimanale; *(adv)* ogni settimana
Wohl bene *(m)*
wohl *(adv)* bene; **sich** ~ **befinden** trovarsi bene
Wohlbefinden salute *(f)*, benessere *(m)*
wohlhabend benestante
wohlwollend benevolo
wohnen abitare
Wohnort, ~ **sitz** domicilio, residenza
Wohnung appartamento; **möblierte** ~ appartamento ammobiliato
Wolkenkratzer grattacielo
wollen *(wünschen)* volere
Wort parola
wunderbar meraviglioso
wundern, s. ~ **(über)** meravigliarsi di
Wunsch desiderio
wünschen desiderare
Wurf lancio, tiro
Würfel dado
Wurm verme *(m)*
Wut rabbia
wütend arrabbiato, infuriato; ~ **werden** arrabbiarsi

A/Z

Z

Zahl numero
zahlen pagare
zählen contare
zahlreich numeroso
Zahlung pagamento
Zange tenaglie *(pl)*
zanken, s. ~ bisticciarsi
zart *(weich)* tenero; *(~fühlend)* delicato, sensibile
zärtlich tenero, affettuoso
Zeichen segno; *(Beweis)* prova; *(An~)* indizio
zeichnen disegnare
zeigen mostrare; *(hinweisen)* indicare
Zeit tempo; **eine ~ lang** un periodo di tempo; **von ~ zu ~** di tanto in tanto; **zur ~** al momento, attualmente
Zeitschrift rivista
Zeitung giornale *(m)*; **~skiosk** edicola (dei giornali); **~sverkäufer** giornalaio
zentral centrale
Zentrum centro
zerbrechen rompere
zerbrechlich fragile
zerreißen strappare
zerstören distruggere
Zeuge testimone *(m)*
Zeugnis pagella; *(Bescheinigung)* attestato, certificato
ziehen tirare
Ziel scopo; *(Reise~)* meta
ziemlich abbastanza
Zigarette sigaretta
Zigarillo sigaretto
Zigarre sigaro
zögern esitare
Zoll dogana; **~amt** ufficio doganale; **~beamter** il doganiere; **~gebühren** i diritti doganali
zornig in collera, arrabbiato
zu *(Richtung Sachen)* a; *(Richtung Personen)* da; *(geschlossen)* chiuso; *(mit adj)* troppo; **~ sehr, ~viel** troppo
zubereiten preparare
zudecken coprire
zuerst prima
Zufall caso (fortuito)
zufällig per caso
zufrieden contento, soddisfatto
Zugang accesso
zugreifen servirsi, prendere
zugunsten (von) a favore (di)
zuhören (jdm) ascoltare (qlc)
Zukunft futuro
zukünftig futuro
zulassen *(erlauben)* permettere
zulässig ammesso
zuletzt alla fine
zumachen chiudere
zunächst in primo luogo
zunehmen *(dicker werden)* ingrassare; *(anwachsen)* aumentare
zurück indietro
zurückbringen riportare, restituire
zurückfahren tornare indietro
zurückgeben ridare, restituire
zurückkehren ritornare
zurücklassen lasciare
zurückweisen rifiutare, respingere
zurückzahlen rimborsare
zurückziehen, s. ~ ritirarsi
zusagen *(Einladung)* accettare
zusammen insieme
zusammenrechnen sommare, addizionare
Zusammenstoß scontro, collisione *(f)*
zusätzlich supplementare, in più
zuschauen guardare
Zuschauer spettatore *(m)*
zuschließen chiudere a chiave
Zustand condizione *(f)*, situazione *(f)*
zuständig competente
zusteigen salire (durante il viaggio)
zustimmen aderire, acconsentire
zuverlässig fidato
zuviel troppo
Zwang obbligo
Zweck scopo
zwecklos inutile
zweckmäßig opportuno; *(nützlich)* utile
Zweifel dubbio; **ohne ~** senza dubbio
zweifelhaft dubbioso; *(ungewiß)* incerto
zweifellos senza dubbio
zweifeln, an etw. dubitare di qc
zweite(r, -s) secondo, seconda
zweitens secondo, in secondo luogo
zwingen costringere
zwischen tra, fra
Zwischenfall contrattempo, incidente *(m)*

Wörterbuch Italienisch–Deutsch

A

a *(Richtung Sachen)* zu; *(pro)* je; **vicino a** *(nahe bei, neben)* an; **a Bologna** nach Bologna

abbandonare verlassen

abbassare *(Preise)* herabsetzen

abbastanza ziemlich

abbigliamento Kleidung

abbondante reichlich

abbracciare umarmen

abbreviazione *(f)* Abkürzung

abbronzato *(gebräunt)* braun

ạbile geschickt

abitante *(f, m)* Bewohner, Einwohner

abitare wohnen

abituạle üblich

abituarsi a s. gewöhnen an

abitudine *(f)* Gewohnheit

abusare mißbrauchen

abuso Mißbrauch

accadere s. ereignen

accelerare beschleunigen

accẹndere anzünden; *(Licht)* anmachen, einschalten

accendino Feuerzeug

accento *(Betonung)* Ton

accesso Zugang

accettare annehmen; *(Einladung)* zusagen

accettazione *(f)* Annahme

acclimatarsi s. akklimatisieren

accogliente gemütlich; **poco accogliẹnte** ungemütlich

accoglienza *(Empfang)* Aufnahme

accogliere *(empfangen)* aufnehmen; *(Gesuch)* genehmigen

accomiatarsi s. verabschieden

accompagnamento Begleitung

accompagnare begleiten

acconsentire einwilligen; zustimmen

accordare *(Musik)* stimmen

accordarsi einigen

accordarsi su vereinbaren

accordo Einverständnis; **essere d'accordo** einig sein

accorgersi (di) bemerken

accuratezza Sorgfalt

accurato sorgfältig

acerbo herb

ạcido sauer

acqua Wasser

acuto *(Geruch)* scharf

adatto *(geeignet)* richtig

addizionare zusammenrechnen

addormentarsi einschlafen

aderire zustimmen

adoperare verwenden

Adriạtico Adria

adulto/adulta Erwachsene(r)

aerare lüften

affamato hungrig

affare *(m)* *(Handel)* Geschäft

affermare behaupten

afferrare ergreifen

affettuoso zärtlich

affittare vermieten; mieten

affitto Miete

affollato überfüllt

affrettarsi s. beeilen

agenzịa Agentur; **agenzia di viạggi** Reisebüro

aggiụngere hinzufügen

aggredire überfallen

agitato unruhig; *(Meer)* bewegt

ago Nadel

aguzzo spitz

aiutare qlc jdm helfen

aiụto Hilfe; Unterstützung; **essere d'aiụto a qlc** jdm behilflich sein

ạlbero Baum

alcool *(m)* Alkohol; *(Brenn-)*Spiritus

alcune einige

alcuni einige; ein paar

alghe *(pl)* Algen

alimentari *(m, pl)* Lebensmittel

alimentazione *(f)* Verpflegung

alimento Nahrungsmittel

alle *(Zeitangabe)* um

alleanza Bund

allegato *(Brief)* Anlage

allegro lustig, froh; **un po' allegro** *(leicht)* betrunken

allestire veranstalten

allọggio Unterkunft

allora also; damals; *(Zeit)* da

allungare verlängern

almeno wenigstens

alt! halt!

altezza Höhe

alto hoch; *(Statur)* groß

altoparlante *(m)* Lautsprecher

altrettanto gleichfalls
altrimenti sonst
altro der andere; **un altro** ein anderer; **l'altro giorno** neulich
altrove anderswo
alzare heben; *(Preise)* heraufsetzen
alzarsi aufstehen
amabile liebenswürdig
amabilità Liebenswürdigkeit
amare lieben
amaro bitter
ambasciata *(dipl. Vertretung)* Botschaft
ambiente *(m)* Umwelt
amichevole freundlich
amicizia Freundschaft; **essere in amicizia** befreundet sein
amico/amica Freund/in
ammalarsi krank werden
ammenda Geldstrafe
ammesso zulässig
amministrazione *(f)* Verwaltung
ammirare bewundern
ammobiliare möblieren
ammontare betragen, ausmachen
amore *(m)* Liebe
ampio *(Gegenteil von eng)* weit
anche auch
ancora noch; **ancora una volta** *(noch einmal)* wieder
andare gehen; fahren; **andar via** weggehen; **andare a** reisen nach; **andare a bordo** an Bord gehen; **andare a letto** zu Bett gehen; **andare avanti** vorwärtsgehen; vorgehen; **andare diritto** geradeausgehen; **andare su** hinaufgehen; **andare a prendere** abholen, holen; **andare a male** *(schlecht werden)* verderben
anello Ring
angolo Ecke; Winkel
animale *(m)* Tier
anno Jahr
annuale jährlich
annunciare anmelden
annuncio Anzeige; Inserat
anticipo Vorschuß; **in anticipo** im voraus
antico *(aus früheren Zeiten)* alt
anticoncezionale *(m)* Verhütungsmittel
antipasto Vorspeise
anzi vielmehr
anzitutto vor allem
ape *(f)* Biene
aperto auf, offen, geöffnet; **all'aperto** im Freien
apice *(m)* Höhepunkt
apparecchio Apparat; **apparecchio radio** Radioapparat
apparentemente anscheinend
apparenza *(Anschein)* Schein
apparire erscheinen
appartamento Wohnung; **appartamento ammobiliato** möblierte Wohnung
appartato abgelegen
appartenere gehören
appena kaum
appendere aufhängen, hängen
appetito Appetit
applauso Beifall
applicare *(Gesetz)* anwenden
applicazione *(f)* Anwendung
appoggio Unterstützung
apposta extra; absichtlich
appuntamento Verabredung
aprire aufmachen, öffnen
apriscatole *(m)* Dosenöffner, Büchsenöffner
argomento Gesprächsgegenstand; Argument
aria Luft
aringa Hering
arrabbiarsi wütend werden; **arrabbiarsi per** s. ärgern über
arrabbiato wütend, zornig; *(verärgert)* böse
arrestare abstellen
arrivare eintreffen
arrostire braten
arrosto Braten
articolo Artikel
ascensore *(m)* Fahrstuhl
asciugare trocknen
asciutto trocken
ascoltare (qlc) (jdm) zuhören
asino Esel
aspettare erwarten; warten
aspro herb
assaggiare *(Speisen)* versuchen
assente abwesend
assetato durstig
assicurare versichern
assicurazione *(f)* Versicherung
associazione *(f)* *(Bund)* Verband; Verein; Gesellschaft
assolato sonnig
assolutamente durchaus; *(adv)* unbedingt
assomigliare gleichen
assumere übernehmen
attaccare überfallen
attenersi befolgen

attento aufmerksam; vorsichtig
attenzione! Vorsicht! Achtung!; **fare attenzione (a)** achtgeben (auf)
attestato *(Bescheinigung)* Zeugnis
attività Tätigkeit
attraversare überqueren
attraverso quer durch
attualmente zur Zeit
augụrio Glückwunsch
aumentare *(Preise)* erhöhen; *(anwachsen)* zunehmen
Austria Österreich
austrịaco/austrịaca Österreicher/in
autẹntico echt
autista *(m)* Chauffeur
ạuto *(f)* Auto, Wagen
autoambulanza Krankenwagen
automạtico automatisch
autorità pụbblica Behörde
autorizzato berechtigt
avanti herein! vorwärts!
avanzare übrigbleiben
avere haben; **avẹr bisogno di** brauchen; **avẹr fretta** es eilig haben; **avẹr torto** unrecht haben; **avẹr l'aspetto** aussehen
avvenimento Ereignis
avvertire benachrichtigen; **avvertire (di)** warnen (vor)
avviarsi anspringen
avvicinarsi s. nähern
azione *(f)* Tat

B

baciare küssen
bạcio Kuß
bagnato naß
bagno Bad; **fare il bagno** baden
bạita *(Alpen-)*Hütte
ballo Tanz; *(Fest)* Ball
bambino Kind
bạmbola Puppe
banca Bank
banconota Geldschein
banda (musicale) Musikkapelle
barạttolo Büchse
barca Boot, Kahn
barzelletta Witz
basso niedrig, tief; *(Statur)* klein; **a bassa voce** leise
bastare (aus)reichen
bastone *(m)* Stock
battere *(Uhr)* schlagen
batteria Batterie
belga *(m/f)* Belgier/in
Bẹlgio Belgien
bellezza Schönheit
bellino hübsch
bello schön
benché obwohl
bene *(adv)* gut; wohl; *(m)* Wohl
benẹssere *(m)* Wohlbefinden
benestante wohlhabend
benẹvolo wohlwollend
benvenuto willkommen
benzina Benzin
bere trinken
biancherịa (per il letto) *(Bett-)*Wäsche; **biancherịa ịntima** Unterwäsche
bicchiẹre *(m)* *(Trink-)*Glas
bidone delle immondịzie *(m)* Mülltonne
biglietto (d'ingresso) Eintrittskarte
bilạncia Waage
binọcolo Fernglas
bisticciare streiten
bisticciarsi s. zanken
bollire *(Wasser)* kochen
borsa Tasche, Handtasche, Beutel
bottịglia Flasche
bottone *(m)* Knopf
brace *(f)* Glut
bravo tüchtig
breve *(zeitlich)* kurz; **a breve termine/scadenza** kurzfristig
brillante leuchtend; glänzend
brillare glänzen
brillo betrunken
bruciare verbrennen, brennen
brutto häßlich; übel; *(Wetter)* schlecht
bucato *(zum Waschen)* Wäsche
buco Loch
bugịa Lüge
buono *(adj)* gut; **buọno** Gutschein; **buona fortuna!** viel Glück!
bussare anklopfen
bụssola Kompaß

C

c'è es gibt
cabina Kabine
cadere fallen, stürzen
caduta Sturz
caffè *(m)* Kaffee; Café
calcolare rechnen; berechnen
caldo warm; heiß
calligrafịa *(Hand)*Schrift
calore *(m)* Wärme
calzolạio Schuhmacher
cambiamento Veränderung

A/Z

cambiare ändern, verändern; tauschen; *(Geld)* wechseln; umtauschen; umsteigen; **cambiare casa** umziehen

cambiarsi s. umziehen

cạmbio Wechsel; Geldwechsel; Wechselkurs; Umrechnung

cạmera Zimmer; **cạmera da letto** Schlafzimmer

camminare *(zu Fuß)* gehen; wandern

campanello Klingel

campione *(m)* *(Probe)* Muster

campo Feld; **campo sportivo** Sportplatz

canale *(m)* Kanal

cancello Gitter; *(Bahnhof)* Sperre

candela Kerze

cane *(m)* Hund

canneto *(pl)* **canne** Schilf

cannochiạle *(m)* Fernglas

cantare singen

canto Gesang

canzone *(f)* Lied

capace tüchtig; fähig

capanna Hütte

capire verstehen

capitale *(f)* Hauptstadt

capo Chef

cappella *(Gebäude)* Kapelle

caratteristico typisch

carbone *(m)* Kohle

caricare aufladen

carne *(f)* Fleisch

caro lieb, liebenswürdig; teuer; **non caro** billig

carta Papier; **carta d'identità** *(Personal-)*Ausweis; **carta geografica** Landkarte; **carta igiẹnica** Toilettenpapier

cartella *(Akten)* Mappe

cartellone *(m)* Plakat

cartolina Karte; **cartolina postale** Postkarte

casa Haus; **casa di campagna** Landhaus

caso *(Vorfall)* Fall; **caso (fortụito)** Zufall; **in caso di bisogno** im Notfall; **per caso** zufällig

casomai falls

cassa Kasse; Kiste

castello Burg; Schloß

catena Kette

cattivo schlecht, böse; gemein

causa Grund; Ursache; **a causa di** wegen; **per causa mia** meinetwegen

causare verursachen

cauto vorsichtig

cauzione *(f)* Kaution

cedere nachgehen

cedịbile übertragbar

celare verheimlichen; verstecken

cẹlibe *(Mann)* ledig

cento hundert; **cento volte** hundertmal

centrale zentral

centro Zentrum, Mitte

cerạmica Keramik; **cerạmiche** *(pl)* Tonwaren

cercare suchen

certamente *(adv)* gewiß, sicher

certificare bescheinigen

certificato Bescheinigung, Zeugnis

certo gewiß, bestimmt; doch

cespụglio Busch

cesto Korb

che daß; *(bei Vergleich)* als; **che peccato!** wie schade! **che cosa** was

chiamare rufen; aufrufen; nennen

chiamarsi heißen

chiaro hell; klar; leuchtend; deutlich

chiạsso Lärm

chiavistello Riegel

chiẹdere verlangen, fordern; **chiẹdere qlcs a qlc** jdn um etw bitten; **chiẹdere un'informazione** Auskunft einholen; **chiedo scusa!** Ich bitte um Entschuldigung!

chiọdo Nagel

chitarra Gitarre

chiụdere schließen, zumachen; einschließen; **chiụdere a chiave** ab-, zu-, verschließen

chiụnque *(prn)* jeder

chiuso geschlossen, zu

chiusura Verschluß

ci uns

ci sono es gibt

ciao *(Gruß)* hallo; tschüß

ciascuno *(prn)* jeder

cibo Nahrungsmittel

ciẹco blind

cielo Himmel

ciò nonostante trotzdem

cima Gipfel

cịnghia Riemen

circa ungefähr, etwa

circolare *(Verkehrsmittel)* verkehren

circostanze *(pl)* Umstände; **circostanze di fatto** Tat

città Stadt

classe *(f)* Klasse

cliente *(m)* Kunde; Käufer

clima *(m)* Klima

cọgliere pflücken

cognata Schwägerin

cognato Schwager

cognome *(m)* Familienname
collana Halskette
collega *(m, f)* Kollege
cọllera Zorn; **in cọllera** zornig
collezione *(f)* Sammlung
collina Hügel
collisione *(f)* Zusammenstoß
colorato farbig
colore *(m)* Farbe; **a colori** bunt
colpa Schuld
colpire schlagen
colpo Schlag; Schuß
come *(Vergleich, Frage)* wie; **come d'abitudine** wie gewöhnlich; **come scusi**? wie bitte? **come se** als ob
cominciare anfangen
comitiva Reisegesellschaft
commestịbile eßbar
commissione *(f)* Besorgung
commosso *(Gefühl)* bewegt
comodità Bequemlichkeit
cọmodo bequem
compaesano Landsmann
compagnia Begleitung, Gesellschaft
comparare vergleichen
compassione *(f)* Mitleid
compenso Lohn
cọmpera Kauf
competente zuständig
compilare aufstellen
compleanno Geburtstag
completamente *(adv)* vollständig, ganz
completo *(adj)* vollständig; **al completo** vollbesetzt
comportamento Benehmen
comprare kaufen
compratore *(m)* Käufer
comprẹndere einschließen
compreso inbegriffen
comune *(adj)* gemeinsam; gewöhnlich
comunicare mitteilen
comunicazione *(f)* Mitteilung; *(tele)* Verbindung
con mit; *(Mittel)* durch; **con questo tempo** bei diesem Wetter
concẹdere gewähren
concernente betreffend
conciliare einigen
concorso Wettbewerb
condizione *(f)* Bedingung; Zustand
condoglianze *(pl)* Beileid
conducente *(m)* Fahrer
condurre führen
conduttore *(m)* *(Zug)* Schaffner
conduttura *(Gas, Wasser)* Leitung
confermare bestätigen
confezionare einpacken
confine *(m)* Grenze
confortẹvole gemütlich
confrontare vergleichen
confronto Vergleich
congedarsi s. verabschieden
congratularsi gratulieren
cọniugi *(pl)* Ehepaar
connazionale *(f, m)* Landsmann
conoscente *(f, m)* der, die Bekannte
conoscenza Kenntnis, Bekannschaft; **fare la conoscenza di qd** jdn kennenlernen; **senza conoscenza** bewußtlos
conọscere kennen; **conọscere qd** jdn kennenlernen
consegnare *(Gepäck)* aufgeben; abgeben, übergeben
conservare aufbewahren
considerare ansehen als, betrachten
considerẹvole beträchtlich
consigliare raten
consiglio Tip, Rat
consolato Konsulat
consueto gewohnt
consultare konsultieren
consumare verbrauchen; verzehren
consumo Verbrauch
contadino Bauer
contare zählen
contatto Kontakt; Berührung; Verbindung
contemporạneo gleichzeitig
contenere enthalten
contento zufrieden, froh
contenuto Inhalt
continuare fortsetzen
conto Rechnung
contrạrio Gegenteil; **al contrạrio** im Gegenteil; **essere contrạrio** dagegen sein
contrassegnare Kennzeichen
contrattare feilschen
contrattempo Vorfall; Zwischenfall
contratto Vertrag
contro gegen
controllare kontrollieren, prüfen
conversare s. unterhalten
conversazione *(f)* Gespräch, Unterhaltung
conversione *(f)* Umrechnung
coperta *(Bett)* Decke
coperto *(Wetter)* trüb
cọpia Kopie
cọppia (Ehe)paar
coprire bedecken, zudecken
corda Seil

cordialità Herzlichkeit
cordialmente herzlich
coro Chor
corpo Körper
corpulento *(beleibt)* stark
corredo Ausstattung
corręggere *(Fehler)* verbessern
corrente *(f)* Strömung; *(adj) (Ausdruck)* gebräuchlich; **corrente elettrica** *(f) (el)* Strom; **corrente d'aria** *(f)* Luftzug
cọrrere laufen; rennen
corretto korrekt
corridọio *(Flur)* Gang
corrispondenza Briefwechsel
corrotto *(sittlich)* verdorben
corso Kurs
cortese höflich
cortesịa Höflichkeit; Gefälligkeit; Freundlichkeit
cortile *(m)* Hof
corto *(räumlich)* kurz
cosa Sache; Ding; was; **per che cosa** wofür, weshalb; **cosa è successo?** was ist geschehen?
cosciẹnte bewußt
coscienzioso gewissenhaft
così so; **così ... come** genauso ... wie
costa Küste
costare kosten
costituzione *(f)* Verfassung
costoso kostspielig
costrịngere zwingen
costruire bauen
costume *(m)* Sitte; Gewohnheit; **costume regionale** Tracht
cotto *(gekocht)* gar
creativo kreativ
crẹdere glauben, meinen
crẹdito Kredit
crẹscere wachsen
criticare kritisieren
cucina Küche
cucinare kochen
cugino/cugina Cousin/e
cụlmine *(m)* Höhepunkt
cultura Kultur
cuọio Leder
cuọre *(m)* Herz
cura Behandlung; Pflege, Sorge
curare behandeln
curioso neugierig
curva Kurve
cuscino Kissen
custodire aufbewahren

D

da von; *(Richtung Personen)* zu; seit; *(Herkunft)* aus; **da allora** seitdem; **da qualche parte** irgendwo hin; **da quando** seitdem; **da quando?** seit wann?; **una lettera da Roma** ein Brief aus Rom
dabbasso unten
dado Würfel
danneggiare beschädigen; schaden
danno Schaden; Beschädigung
dannoso schädlich, ungesund
danza Tanz
dappertutto überall
dare geben; **dare aria** lüften; **dare delle indicazioni** Angaben machen; **dare la ricevuta** quittieren; **darsi appuntamento** s. verabreden; **darsi per vinto** *(verzichten)* aufgeben
data Datum; Termin
davanti vorn; *(lokal)* vorbei; **davanti a** *(räumlich)* vor
dẹbito *(Geld)* Schuld
dẹbole schwach
debolezza Schwäche
decịdere entscheiden; beschließen
decịdersi s. entschließen
decisione *(f)* Entschluß
definitivamente *(adv)* endgültig
definitivo *(adj)* endgültig
dẹlega Vollmacht
delicato zart, fein
deluso enttäuscht
denaro Geld
dentro drin(nen) innen
denụncia *(bei der Polizei)* Anzeige
denunciare melden
deporre abstellen
depositare hinterlegen
derivare stammen
descrịvere beschreiben
descrizione *(f)* Beschreibung; **descrizione dettagliata** nähere Angaben
desiderare wünschen
desidẹrio Wunsch
destra rechte(r, -s); **a destra** rechts
destro rechte(r, -s)
dettagliatamente ausführlich
dettaglio Einzelheit
di von; *(Material, Herkunft)* aus; *(bei Vergleich)* als; **è di Roma** er ist aus Rom; **un vestito di seta** ein Kleid aus Seide
diạgnosi *(f)* Diagnose
diapositiva Dia

dibạttito Verhandlung
dichiarare erklären
diẹtro hinten/r
difẹndere verteidigen
difetto Fehler, Mangel
difettoso defekt
differenza Unterschied
diffịcile schwer, schwierig
difficoltà Schwierigkeit
diffidare di qc/qlc etw/jdm mißtrauen
digiuno *(mit leerem Magen)* nüchtern
dilazione *(f)* Aufschub
diligente fleißig
dimagrire *(dünner werden)* abnehmen
dimenticare vergessen; etw liegenlassen, vergessen
diminuire abnehmen
Dio Gott
dipịngere malen
dire sagen
direttamente *(adv)* direkt
diretto *(adj)* direkt
direttore *(m)* Leiter, Direktor
direttrice *(f)* Leiterin
direzione *(f)* Richtung; Direktion; **nella direzione opposta** in umgekehrter Richtung
diritto gerade; geradeaus; Recht; recht
discẹndere stammen
disco Schallplatte
discọrrere reden
discoteca Tanzlokal, Diskothek
disdire abbestellen
disegnare zeichnen
disfare (la valịgia) auspacken
disgrạzia Unglück; **per disgrạzia** unglücklicherweise
disoccupato arbeitslos
disọrdine *(m)* Unordnung
disperato verzweifelt
dispiacere *(m)* Bedauern; Kummer; bedauern
dịsputa Streit
distanza Abstand
distịnguere unterscheiden; **distịnguersi da** s. unterscheiden von
distinto vornehm
distribuịre verteilen
distributore automạtico *(m)* *(Waren)* Automat
distribuzione *(f)* Verteilung
distrụggere zerstören
disturbare stören
disturbo Störung
ditta Firma
diventare werden
diversamente *(adv)* anders
diverso *(adj)* anders; verschieden
divertente unterhaltend; *(erheiternd)* lustig
divertimento *(Vergnügen)* Unterhaltung, Spaß
divertirsi s. unterhalten, s. amüsieren
divịdere teilen; trennen; **divịdere con qlc** mit jdm teilen
divieto Verbot
documento Dokument
dogana Zoll; **diritti doganali** Zollgebühren; **doganiẹre** Zollbeamter
dolce süß, mild
dolore *(m)* Kummer
doloroso schmerzhaft
domanda Frage; Bitte
domicịlio Wohnsitz, Wohnort
donna Frau
dopo *(prp)* danach, nachher; nach
doppiamente *(adv)* doppelt
dọppio *(adj)* doppelt
dormire schlafen
dotazione *(f)* Ausstattung
dottore *(m)* Doktor
dovere *(m)* Pflicht; müssen, sollen; schulden
dụbbio Zweifel; ungewiß; **senza dụbbio** zweifellos; ohne Zweifel
dubbioso zweifelhaft
dubitare di qc an etw. zweifeln
due zwei; **due volte** zweimal ; **tutti e due** beide
dunque also
durante *(prp)* während
durare dauern; halten
durata Dauer
durezza Härte
duro fest; hart

E

e und; **e così via** und so weiter
eccellente ausgezeichnet
eccessivo übertrieben
eccẹtera und so weiter
eccetto außer
eccezione *(f)* Ausnahme
economico billig
edịcola (dei giornali) Zeitungskiosk
edifịcio Gebäude
educazione *(f)* Erziehung
effetto Wirkung
efficace wirksam
elenco Verzeichnis
elẹttrico elektrisch

elvẹtico/a Schweizer/in
emancipato emanzipiert
ente per il turismo *(m)* Verkehrsbüro
entrare eintreten, hineingehen, hereinkommen
entrata Eintritt; Einfahrt
entro *(zeitlich)* innerhalb
entusiasta (di) begeistert (von)
equipạggio *(Schiff)* Mannschaft
equivalente *(m)*Gegenwert; *(adj)* gleichwertig
erroneamente aus Versehen
errore *(m)* Irrtum
esagerato übertrieben
esame *(m)* Prüfung
esaminare untersuchen
esaurito erschöpft
escluso ausgeschlossen
eseguịre *(Arbeit)* ausführen
esẹmpio Beispiel; **per esẹmpio** zum Beispiel
esente da dạzio *(von Abgaben)* frei
esercitare üben; *(Beruf)* ausüben
esercịzio Übung
esịgere *(fordern)* verlangen
esitare zögern
esperienza Erfahrung
esperto *(adj)* erfahren
esportare ausführen, exportieren
espressamente ausdrücklich
espressione *(f)* Ausdruck
ẹssere sein; **essere capace di** imstande sein; **essere contrạrio** dagegen sein; **essere costituito da** bestehen aus; **ẹssere deciso** entschlossen sein; **essere favorẹvole** dafür sein; **ẹssere obbligato** verpflichtet sein; **essere presente** *(anwesend)* dasein; **ẹssere pubblicato** *(Buch)* erscheinen; **essere spiacente** bedauern
est *(m)* Osten
estẹndersi *(s. erstrecken)* reichen
esteriore äußerlich
esterno äußerlich
ẹstero Ausland; ausländisch; **all'estero** im/ins Ausland
estintore *(m)* Feuerlöscher
età Alter
Europa Europa
europẹo europäisch
europẹo/europẹa Europäer/in
eventualmente *(adv)* eventuell
evitare vermeiden

F

fạbbrica Fabrik
faccenda Angelegenheit, Sache
facchino *(Gepäck)* Träger
fạcile leicht
falso *(betrügerisch)* falsch; unecht
fame *(f)* Hunger
famịglia Familie
famoso berühmt
fango Schlamm; Schmutz
fare machen; tun; *(Kaffee/Tee)* kochen; **far benzina** tanken; **fare colazione** *(f)* frühstücken; **fare contrabbando** schmuggeln; **fare escursioni** wandern; **far fare** machen lassen; **far lezione** *(Schule)* unterrichten; **far male** schmerzen; **far segno** winken; **far vịsita a qlc** jdn besuchen; **fare gli auguri** gratulieren; **fare la barba** rasieren; **fare la conoscenza di qd** jdn kennenlernen; **fare la fila** Schlange stehen; **fare la spesa** einkaufen; **fare le valigie** *(Koffer)* packen; **fare una passeggiata** einen Spaziergang machen
faro Leuchtturm
fasciatura *(med)* Verband
faticoso anstrengend
fatto Tatsache; Vorfall; **fatto a mano** handgemacht
fattorịa Bauernhof
favore *(m)* Gefallen, Gefälligkeit; **a favore (di)** zugunsten (von); **per favore** bitte
favorẹvole günstig
fazzoletto (Kopf-)Tuch
fede *(f)* Glaube; Ehering
fedele treu
felice glücklich; froh
felicità Glück
femminile weiblich
fẹrie *(pl)* Ferien, Urlaub; **in fẹrie** in (den/die) Ferien
ferito/ferita Verletzter, Verletzte
fermare *(mech)* abstellen, anhalten
fermarsi stehenbleiben, halten
fermata *(Zug)* Aufenthalt
fermo fest
feroce wild
ferro Eisen; **ferro da stiro** Bügeleisen
festa Fest, Party
fetta *(Brot)* Scheibe
fiamma Flamme
fiammịfero Streichholz
fidanzarsi con s. mit verloben
fidanzata die Verlobte

fidanzato der Verlobte
fidarsi di vertrauen auf; **non fidarsi di qc, qlc** etw/jdm mißtrauen
fidato zuverlässig
fidụcia Vertrauen
fiducioso vertrauensvoll
fiera *(Ausstellung)* Messe
fịglia Tochter
fịglio Sohn
fila Reihe; **fare la fila** Schlange stehen
filiạle *(f)* Filiale
film *(m) (Kino)* Film
filo Faden; Draht
filtro Filter
finale *(m)* Ende, Schluß
finalmente endlich
fine *(f)* Ende, Schluß; fein, zart; **alla fine** am Ende, zuletzt
finire (be)enden; *(Straße)* münden
finito *(vollendet)* fertig
fino a bis
finora bis jetzt
fiore *(m)* Blume
fiorire blühen
firma Unterschrift
firmare unterschreiben
fisso fest*(-stehend)*
fitto *(Nebel)* dicht
fiume *(m)* Fluß, Strom
flash *(m) (Foto)* Blitz
flirt *(m)* Flirt
fodera *(Schneiderei)* Futter
fọglia *(Laub)* Blatt
fọglio *(Papier)* Blatt
folla Menschenmenge
fontana Brunnen
fonte *(f)* Brunnen; Quelle
forạggio *(Tiernahrung)* Futter
fọrbici *(pl)* Schere
forestiera die Fremde
forestiero der Fremde
forfait *(m)* Pauschale
forma Form; **in forma** fit
formare bilden; **formare il nụmero** *(tele)* wählen
formato Format
formazione *(f)* Ausbildung
formulạrio Formular
fornello a spịrito Spirituskocher
fornire liefern
forse vielleicht
forte kräftig, stark; *(Geruch)* scharf
fortuna *(Erfolg)* Glück
fortunato glücklich
forza Kraft; Stärke
forzare aufbrechen
foto *(f)* Aufnahme, Foto
fotografare fotografieren, aufnehmen
fotografịa Foto
foulạrd *(Kopf-)*Tuch
fra zwischen, unter; **fra l'altro** unter anderem; **fra una settimana** in einer Woche
frạgile zerbrechlich
fraintẹndere mißverstehen
francese französisch; **in Frạncia** nach Frankreich
francobollo *(Brief-)*Marke
frase *(f)* Satz
fratello Bruder
frattanto inzwischen
freddo kalt; **avẹr freddo** frieren
fresco frisch; kühl
fretta *(Eile)* Schnelligkeit; **in fretta** *(adv)* schnell
frettoloso eilig
frịggere *(in der Pfanne)* braten
frode *(f) (Handel)* Betrug
fronte *(f)* Stirn; **di fronte** gegenüber
frontiẹra Grenze
fụlmine *(m)* Blitz
fumare rauchen
fumo Rauch
funzionare funktionieren
fuochi d'artifịc *(pl)* Feuerwerk
fuọco Feuer
fuọri draußen, außen; **fuọri di** außerhalb; **dal di fuọri** von außen; **fuori stagione** außerhalb der Saison; **fuori moda** unmodern
furbo schlau
futuro zukünftig; Zukunft

G

gabbiano Möwe
gabinetto Toilette
galleria Passage; Tunnel
gallo Hahn
gạncio Haken; **gạncio (dell'attaccapanni)** Kleiderhaken
garạge *(m)* Garage
garanzịa Garantie, Sicherheit
gatta/gatto Katze/Kater
gelato *(Speise-)*Eis
generale allgemein; **in generale** im allgemeinen
generalità *(pl)* Personalien
genitori *(pl)* Eltern
gente *(f)* Leute
gentile liebenswürdig; nett

gentilezza Liebenswürdigkeit; Freundlichkeit
Germạnia Deutschland
gesso Gips
gettare werfen
getto d'acqua Wasserstrahl
ghiaccio Eis
già bereits, schon
giacere liegen
giardino Garten; **giardino pụbblico** Park
giù unten; **in giù** abwärts, bergab
giocare spielen
giocạttolo Spielzeug
giọia Freude
giornalạio Zeitungsverkäufer
giornale *(m)* Zeitung
giorno Tag; **di giorno** bei Tag; **giorno festivo** Feiertag; **nei giorni feriạli** werktags
giọvane jung; **i giọvani** *(pl)* Jugend
gioventù *(f)* Jugend
giradischi *(m)* Plattenspieler
girare wenden, drehen
giro Bummel, Runde, Tour; Umweg
gita Tour
giudicare (be)urteilen
giudịzio Urteil
giusto gerecht; richtig
gli avanzi Reste
gọccia Tropfen
gocciolare tropfen
godere genießen
godimento Genuß
golfo Bucht
gomma da masticare Kaugummi
gonfiare aufpumpen
gọnfio geschwollen, dick
governo Regierung
grado Grad
grande groß
grandezza *(geistige)* Größe
grandioso großartig
grasso *(Person)* dick, fett
gratis gratis, kostenlos, umsonst
grato dankbar
grattaciẹlo Wolkenkratzer
gratụito *(gratis)* frei
grave *(Krankheit)* schwer
grạvida schwanger
grạzie danke; **grazie a Dio!** Gott sei Dank!
grazioso hübsch
gridare schreien
grosso dick, stark
grossolano *(ordinär)* gewöhnlich
gruppo Gruppe
guadagnare verdienen; gewinnen
guadagno Verdienst, Gewinn
guardare (an)schauen, ansehen, betrachten; zuschauen
guardiano *(Wächter)* Aufseher
guasto *(faul)* verdorben
guerra Krieg
guida *(f)* Fremdenführer; **guida** *(m)* *(Buch)* Reiseführer
guidare führen; Auto fahren
gusto Geschmack

H

hobby *(m)* Hobby
hotẹl *(m)* Hotel

I

idẹa Idee; Vorstellung, Ahnung; **non ne ho idẹa!** keine Ahnung!
illuminato beleuchtet
illustrazione *(f)* *(Abbildung)* Bild
imballạggio Verpackung
imballare verpacken
imboccatura Mündung
imbrogliare schwindeln
imbroglione *(m)* Schwindler
imbucare *(Post)* aufgeben; *(Briefe)* einwerfen
immediatamente *(adv)* *(sofort)* direkt, unmittelbar
immediato *(adj)* unmittelbar
immondịzia Müll
impacco *(med)* Packung
imparare lernen
imparentato verwandt
impedire hindern, verhindern
impianto Anlage
impiegare *(Zeit)* brauchen
impiẹgo (An-)Stellung, Arbeit
importante wichtig, bedeutend, groß; **poco importante** unwichtig
importanza Wichtigkeit, Bedeutung
importazione *(f)* Einfuhr
importo Betrag, Summe; **importo forfettario** Pauschale
impossịbile unmöglich
imprecare schimpfen
impreciso ungenau
impresa Unternehmen
impressione *(f)* Eindruck
improbạbile unwahrscheinlich
improvviso plötzlich; **d'improvviso** auf einmal

imprudente unvorsichtig
impugnatura *(Hand-)*Griff
in in; **in Francia** in/nach Frankreich; **in italiano** auf italienisch; **in viạggio** auf der Reise
inadatto ungeeignet
inalterạbile haltbar
inaspettato unerwartet
incantato entzückt
incantẹvole bezaubernd, entzückend
incapace unfähig
incẹndio Brand
incerto unsicher, ungewiß
incidente *(m)* Unfall; Vorfall; Zwischenfall; **avere un incidente** verunglücken
incidere aufnehmen
incinta schwanger
inclụdere einschließen
incompiuto unvollständig
incompleto unvollständig
incontrare begegnen; treffen
inconveniente *(m)* Nachteil
incredịbile unglaublich
incrọcio *(Straße)* Kreuzung
indecente unanständig
indeciso unentschlossen
indennizzo Schadenersatz
indesiderato unerwünscht
indeterminato unbestimmt
indicare *(hinweisen)* zeigen
indicazione *(f)* Bezeichnung; Angabe
indiẹtro zurück; **all'indietro** rückwärts
indịgeno einheimisch
indirizzare adressieren
indirizzo Adresse, Anschrift
indispensạbile unentbehrlich
indisposto unwohl
indịzio *(Anzeichen)* Zeichen
indovinare *(erraten)* raten
inesperto unerfahren
inevitạbile unvermeidlich
infastidire belästigen
infatti in der Tat
infelice unglücklich
inferiore geringer
infermiẹra Krankenschwester
infiammạbile feuergefährlich
informare informieren, unterrichten; **informare qlc** jdn verständigen
informarsi s. erkundigen
informazione *(f)* Bescheid; Auskunft
infortụnio Unfall; **avere un infortụnio** verunglücken
infuriato wütend
ingannare betrügen
inganno *(Gaunerei)* Betrug
ingiustizia Ungerechtigkeit; Unrecht
ingiusto ungerecht
inglese englisch
ingrassare *(dicker werden)* zunehmen
ingrato undankbar
ingresso Eingang; Eintritt; **ingresso principale** Haupteingang
iniziare anfangen, beginnen
inịzio Anfang, Beginn
innocente unschuldig
inoltre außerdem; sonst
inquietarsi s. beunruhigen
insegna Schild
insegnare lehren
insetto Insekt
insicuro unsicher
insiẹme *(adv)* gemeinsam, zusammen
insistere su bestehen auf
insọlito ungewöhnlich
insopportạbile unerträglich
instạbile unbeständig
insufficiente ungenügend
intasato verstopft
intelligente klug
intelligenza Verstand
intendere beabsichtigen
intendersi s. verständigen
intenzione *(f)* Absicht; **avere l'intenzione** beabsichtigen
interamente *(adv)* ganz
interessante interessant
interessarsi (di) s. interessieren (für)
interesse *(m)* Interesse
internazionale international
interno das Innere; Inland
interrọmpere unterbrechen; abbrechen
interruttore *(m)* *(el)* Schalter
interruzione *(f)* *(Unterbrechung)* Störung
intimidire schüchtern; einschüchtern
intorno a *(herum)* um
inụtile unnütz, nutzlos, zwecklos
invano *(vergeblich)* umsonst
invece di statt, anstatt
inventare erfinden
inverso umgekehrt
inviare senden; *(Geld)* überweisen
invitare einladen, auffordern
invito Einladung
involtare einwickeln
invọlucro Packung
inzuppato *(durchnäßt)* naß
ịo ich
irregolare unregelmäßig

irrequiẹto unruhig
iscrịversi s. anmelden
ịsola Insel
istante *(m)* Augenblick, Moment
istruzione *(f)* Ausbildung
Itạlia Italien
italiano italienisch; **in itạliano** auf Italienisch
italiạno/italiạna Italiener/in
itinerạrio Reiseroute, Route
iugoslava Jugoslawin
iugoslạvia Jugoslawien
iugoslavo Jugoslawe; jugoslawisch

L

là da, dort, dorthin; **al di là** jenseits
laggiù dort unten
lago der See
lamentarsi (di) s. beklagen (über)
lạmpada Lampe
lampadina *(el)* Birne
lampeggiare *(Auto)* blinken
lạncio Wurf
largo breit; *(Gegenteil von eng)* weit
lasciare lassen; verlassen; **lasciar detto** *(gesagt lassen)* hinterlassen
lassù dort oben
lato Seite
lavanderịa a secco *(Geschäft)* Reinigung
lavare waschen
lavorare arbeiten, bearbeiten
lavoro Arbeit
leale fair
legare binden; verbinden
lẹggere lesen
leggero *(Gewicht)* leicht
legna Brennholz
legno Holz
Lei Sie; **lei** sie
lentamente *(adv)* langsam
lento *(adj)* langsam
lẹttera Brief
letto Bett
lezione *(f)* Unterrichtsstunde
lì dort, dorthin
lịbero frei
libro Buch
lieto (di) erfreut (über)
liẹve *(geringfügig)* leicht
lịnea Linie; *(tele, el)* Leitung; *(Bahn)* Strecke
lịngua Sprache
lịquido flüssig
lịscio glatt
lista Liste; Speisekarte
lite *(f)* Streit
litigare streiten
locale *(m)* *(Räumlichkeit)* Raum
località Ortschaft; **località marittima** Badeort
lodare loben
lọgico logisch
lontananza Entfernung
lontano entfernt, weit
Loro *(pl)* Sie; **loro** *(pl)* sie
luccicare *(funkeln)* blinken
luce *(f)* Licht
lui er
luna Mond
lunghezza Länge
lungo entlang; lang; *(Weg)* weit
luọgo Ort; **luọgo di nạscita** Geburtsort; **aver luogo** stattfinden; **in quel luogo** dorthin;
lusso Luxus
lussuọso luxuriös

M

ma aber; jedoch; sondern
mạcchia Fleck(en)
mạcchina Maschine; Auto; Wagen
mạcchina fotogrạfica Fotoapparat
madre *(f)* Mutter
magari sogar
magazzino Lager; **grandi magazzini** Kaufhaus, Warenhaus
magnịfico herrlich
magro mager
mai nie; jemals
malato krank
male *(adv)* schlecht; **mi sento male** mir ist übel
malgrado trotz
malinteso Mißverständnis
malsano ungesund
malvạgio *(böse)* übel
malvolentieri ungern
mancanza *(Fehlen)* Mangel
mancare fehlen; verfehlen
mandare schicken, senden; fragen; **mandạr via** wegschicken; **mandare a prendere** abholen lassen
mangiare Essen; essen; **mangiando** beim Essen
mangime *(m)* *(Tiernahrung)* Futter
maniẹra Art
manifestazione *(f)* Veranstaltung

manifesto Plakat

mano *(f)* Hand

marca *(Handelsmarke)* Marke; *(Zigaretten)* Sorte

mạrcia *(Auto)* Gang

marcio *(Obst)* faul

mare *(m)* Meer, See

marito Ehemann

marrone braun

martello Hammer

maschile männlich

massimo größte, höchste; **al massimo** höchstens

materiale *(m)* Material; **materiale di medicazione** Verbandszeug

matrimọnio Ehe; Heirat

mattina Morgen; Vormittag; **di mattina** vormittags

mattino Morgen; **al mattino** morgens

maturo reif

mazzo *(Blumen)* Strauß

me mich; **a me** mir; **(il) mio** mein

mediatore *(m)* Vermittler

medicina Heilmittel

mẹdio *(adj)* durchschnittlich; **in mẹdia** *(adv)* durchschnittlich

Mediterrạneo Mittelmeer

medusa Qualle

mẹglio besser; **meglio che** besser als; **mẹglio di** besser als

menù *(m)* Speisekarte

meno minus; **di meno** weniger; **il meno** das wenigste;

per lo meno mindestens

mensile monatlich

mentre *(conj)* während

meravigliarsi di s. (über) wundern

meraviglioso wunderbar

mercato Markt; **a buon mercato** billig

merce *(f)* Ware

meridionale südlich

meritare *(wert sein)* verdienen

mẹrito das Verdienst

merletto *(Gewebe)* Spitze

mese *(m)* Monat

messa *(rel)* Messe

meta Ziel

metà Hälfte

mẹttere legen, hinlegen; stellen; setzen; **mẹttere a posto** richtigstellen; **mettere in comunicazione** *(tele)* verbinden

mẹttersi anziehen; **mẹttersi in cammino** *(fortgehen)* aufbrechen; **mẹttersi in moto** anspringen

mezzanotte Mitternacht; **a mezzanotte** um Mitternacht

mezzo halb; Mitte; Mittel

mezzogiorno Mittag; **a mezzogiorno** mittags

mi mich, mir

migliorare verbessern

migliore *(f, m)* beste(r, s)

minuto Minute

mio mein; **da parte mia** meinerseits

misto gemischt

misura Maß; *(Kleidung, Schuhe)* Größe

misurare messen

mite mild

mọbile *(m)* Möbel

moda Mode

modello Muster

moderato mäßig

moderno modern

modificare ändern

modo Art, Weise

mọdulo Formular

mọglie *(f)* Ehefrau

molla *(elastisch)* Feder

molo Mole

molto sehr; viel; **molto lieto/a** *(beim Vorstellen)* angenehm; **molto un mụcchio di** eine Menge

momento Moment; **al momento** zur Zeit

mọnaca Nonne

mondo Welt

moneta Münze; Wechselgeld

monte *(m)* Berg

mọrbido weich

mọrdere beißen

morire sterben

morte *(f)* Tod

morto tot

mosca Fliege

mosso *(Meer)* bewegt

mostra *(Ausstellung)* Messe

mostrare zeigen

motivo *(Beweg-)*Grund; Anlaß; **per questo motivo** aus diesem Grund

movimento Bewegung

mucca Kuh

multa Geldstrafe

multicolore bunt

muọvere bewegen

mụsica Musik

N

nạscita Geburt
nascọndere verstecken, verheimlichen; **di nascosto** *(adv)* heimlich
nastro das Band
nativo di gebürtig aus
nato geboren
natura Natur
naturale *(adj)* natürlich
naturalmente *(adv)* natürlich
nazione *(f)* Nation
né ... né weder ... noch
nebbioso neblig
necessạrio nötig, notwendig; **non necessạrio** unnötig
necessità Notwendigkeit
negare leugnen
negativo negativ
negligente nachlässig
negọzio Geschäft, Laden
neonato Baby
neppure nicht einmal; auch nicht
nervoso hektisch, nervös
nessuno keine(r, s), niemand; **in nessun caso** keinesfalls; **in nessun luogo** nirgends
nevicare schneien
niente nichts; **nienṭ'ạltro che** nichts als; **nient'altro** sonst nichts; **per niente** gar nicht
nipote *(m, f)* Enkel/in; Neffe/Nichte
nodo Knoten
noi *(betont acc)* uns; wir; **a noi** *(dat)* uns
noioso langweilig
nolo Fracht
nome *(m)* Name
non nicht; **non ancora** noch nicht; **non è vero?** nicht wahr?
nonna Großmutter
nonno Großvater
nord *(m)* Norden; **a nord (di)** nördlich (von)
normale normal
normalmente normalerweise
nostro unser
nota Aufzeichnung
notare notieren; merken, bemerken
notịzia Nachricht
noto bekannt; **essere noto** bekannt sein
notte *(f)* Nacht; **di notte** bei Nacht
novità Neuheit; Neuigkeit
nozione *(f)* Kenntnis
nozze *(pl)* Hochzeit
nụbile *(Frau)* ledig
nudo nackt
numerare numerieren
nụmero Zahl, Anzahl; Nummer
numeroso zahlreich
nuọcere schaden
nuotare schwimmen
nuovo neu; **di nuovo** wieder
nutriente nahrhaft
nutrimento Nahrung

O

o ... o... entweder ... oder
ọbbligo Verpflichtung; Zwang
obiettivo *(sachlich)* nüchtern
occasionalmente *(adv)* gelegentlich
occasione *(f)* Gelegenheit; Anlaß
occhiạli *(pl)* Brille; **occhiali da sole** Sonnenbrille
ọcchio Auge
occidentale westlich
Occidente *(m)* Westen
occupare un posto einen Platz belegen
occuparsi di s. kümmern um
occupato beschäftigt; *(Platz)* besetzt
ocẹano Ozean
odore *(m)* Geruch
offẹndere beleidigen
offesa Beleidigung
officina Reparaturwerkstatt
offrire bieten, anbieten
oggetto Gegenstand; **oggetti di valore** Wertsachen
oggi heute
ogni *(adj)* jeder; **in ogni caso** auf alle Fälle; **ogni volta** jedesmal; **ogni due ore** alle zwei Stunden; **ogni settimana** *(adv)* wöchentlich
ognuno *(prn)* jeder
ọlio Öl; **olio combustịbile** Heizöl
oltre a ciò dazu
oltremare *(m)* Übersee
ombra Schatten
ombrello Schirm
ombrellone *(m)* Sonnenschirm
onomạstico Namenstag
onorạrio Honorar
onore *(m)* Ehre
operare operieren
opinione *(f)* Meinung, Ansicht
opportuno zweckmäßig
opposto entgegengesetzt
oppure oder
ora jetzt; nun; Stunde; **un quarto d'ora** eine Viertelstunde; **una mezz'ora** eine halbe Stunde

orario d'apertura (al pubblico) Öffnungszeit
ordinario *(ordinär)* gewöhnlich
ordinato *(geordnet)* ordentlich
ọrdine *(m)* Ordnung; *(rel)* Orden
organizzare veranstalten
orlo Rand
orolọgio Uhr; **orolọgio da parete** Wanduhr; **orolọgio da polso** Armbanduhr
osare wagen
oscuro finster
ospitalità Gastfreundschaft
ọspite *(m)* Gast; *(m, f)* Gastgeber/in
osservare beachten; beobachten; bemerken
oste *(m)* Wirt
ostello per la gioventù Jugendherberge
ottenere erlangen; erhalten
otturato verstopft

P

pacchetto Päckchen
pacco Paket, Packung
pace *(f)* Friede; *(seelisch)* Ruhe
padiglione *(m)* Halle
padre *(m)* Vater
padrone *(m)* Wirt; **padrone/padrona di casa** Gastgeber/in
paese *(m)* Land
pagamento Zahlung
pagare zahlen, bezahlen; **pagare in contanti** bar zahlen
pagella Zeugnis
pạgina *(Buch)* Seite
pạio Paar; **un pạio di** ein Paar
palla Ball
pạllido bleich
pallone *(m)* Ball
palo Stange
palude *(f)* Sumpf
panchina Sitzbank
panno Tuch
panorama *(m)* Ausblick, Panorama
pantano Sumpf
paragone *(m)* Vergleich
parcheggiare abstellen, parken
parco Park
parete *(f)* Wand
parlare sprechen, reden; **parlạr forte** laut sprechen
parola Wort
parte *(f)* Teil; Seite; **a parte** extra; **dall'altra parte** drüben
partenza Abreise
particolare *(m)* Einzelheit
particolarmente besonders
partire verreisen, abfahren; starten *(da* von); abreisen *(per* nach)
party Party
passạggio Durchgang; Übergang; Durchfahrt; **di passagio** auf der Durchreise
passaporto Paß
passare vorübergehen; überschreiten; *(Zeit)* verbringen; *(Zeit)* vergehen; **passare (da qlc/davanti a qc)** vorbeigehen (an jdm/etw)
passato vorüber; *(temporal)* vorbei; Vergangenheit
passeggero Fahrgast; vorübergehend
passeggiare spazierengehen
passeggiata Spaziergang; Bummel
passerella Steg
passo Schritt; *(Gebirge)* Paß
pasto Mahlzeit
pạtria Heimat, Vaterland
patto Bund
paụra Angst; Furcht; **avẹr paụra di** s. fürchten vor
pavimento Fußboden
paziente geduldig
pazienza Geduld
pazzo verrückt
pebene *(anständig)* ordentlich
peccato! schade! **è un peccato** es ist schade
pecora Schaf
pedone *(m)* Fußgänger
pẹggio schlimmer
pegno Pfand
pelle *(f)* Leder
pellịccia Fell; Pelz
pellịcola Film
pelo Fell
pena Strafe
pendịo *(Ab-)*Hang
penna Feder
pensare meinen; **pensare a** denken an; sorgen für
pensiẹro Gedanke
pẹntola *(Koch-)*Topf
penụltimo/penụltima vorletzte(r, -s)
per für; je; pro; *(Mittel)* durch; wegen; **per iscritto** schriftlich; **per me** meinetwegen
pera *(Frucht)* Birne
percento Prozent
percentuale *(f)* Prozentsatz
perché *(Grund)* da, weil
perciò *(Grund)* daher, deshalb

A/Z

pẹrdere verlieren; verpassen; versäumen

pẹrdita Verlust

perdonare verzeihen

perfetto vollkommen

perịcolo Gefahr

pericoloso gefährlich

periferịa Peripherie

perịodo Periode, Zeit(abschnitt); **un perịodo di tempo** eine Zeitlang

però jedoch

permesso Erlaubnis; **permesso di trạnsito** Durchreisevisum

permẹttere erlauben, genehmigen, zulassen

pernottare übernachten

persona Person

personale *(m)* Personal; persönlich

persuadere überzeugen; überreden

pesante schwer

pesare wiegen

pescare fischen; **pescare con l'amo (la lenza)** angeln

pesce *(m)* Fisch

pescivẹndolo Fischhändler

peso Gewicht

pẹssimo schlimmst

pezzo Stück; **un pezzo di pane** ein Stück Brot

piacere *(beim Vorstellen)* angenehm; gefallen; schmecken; *(gern haben)* mögen; *(m)* Vergnügen; *(Gefälligkeit)* Dienst; **a piacere** nach Belieben

piacẹvole angenehm

piạngere weinen

piano *(adj)* eben, flach; *(adv)* langsam; leise; *(m)* Plan; Stockwerk

pianoterra Erdgeschoß

pianta Pflanze; **pianta della città** Stadtplan

pianterreno Erdgeschoß

pianura Ebene

piatto flach; *(m)* Teller; Platte; Gericht; Gang

piazza Platz

piccante *(Geschmack)* scharf

pịccolo klein

piegare biegen

piẹno überfüllt, voll

pietanza *(Gericht)* Platte

piẹtra Stein

pietroso steinig

pigione *(f)* Miete

pigro faul

più mehr; plus; **in più** dazu; **più che** mehr als; **più di** mehr als; **più o meno** mehr oder weniger

pila *(für Taschenlampe)* Batterie

piọvere regnen

pipa Pfeife

piscina Swimmingpool

piuttosto *(adv)* lieber, eher

pizzicare *(jucken)* beißen

pizzo *(Gewebe)* Spitze

plạstica *(Kunststoff)* Plastik

plạstico *(Bildhauerkunst)* Plastik

poco wenig; **un po'** etwas, ein wenig; **un po' di** ein wenig von …

poi dann; danach; nachher

poiché denn

politica Politik

pọlvere *(f)* Staub; Pulver

pomerịggio Nachmittag; **di pomerịggio** nachmittags

pompieri *(pl)* Feuerwehr

pontile *(m)* Steg

pọpolo Volk

pọrgere *(überreichen)* reichen

porta Tür; **porta d'ingresso** Haustür

portafọglio Brieftasche

portamonete *(m)* Geldbeutel

portare bringen; tragen; überbringen; **portạr via** forttragen, wegbringen; **portare con sé** mitbringen; **portarsi dietro** mitnehmen

portata *(Essen)* Gericht; Gang

portone *(m)* das Tor; Tür

positivo positiv

posizione *(f)* Stellung; Lage

possedere besitzen

possesso Besitz

possịbile möglich

possibilità Möglichkeit

posta Post; **alla posta** auf die/der Post

posto *(Sitzplatz)* Platz; Stelle; **del posto** einheimisch

potạbile trinkbar

potente gewaltig

potere können; dürfen

pọvero arm

pranzo Mittagessen

praticare *(Beruf)* ausüben

prạtico praktisch; **poco prạtico** unpraktisch

prato Rasen, Wiese

precauzione *(f)* Vorsicht

precedenza Vorfahrt

precisione *(f)* Genauigkeit

preciso genau

prẹdica Predigt

preferire lieber haben, vorziehen

pregare beten

preghiẹra Gebet

prẹgio Vorzug

prego bitte
prẹmere *(Knopf)* drücken
prẹmio Preis, Prämie; Lohn
prẹndere nehmen; zugreifen; übernehmen; fangen; holen; *(Verkehrsmittel)* benutzen; **prẹndere congedo** Abschied nehmen; **prẹndere parte (a)** teilnehmen (an); **prẹndere il via** starten; **prendere su** einpacken
prenotare buchen; vorbestellen
preoccuparsi s. beunruhigen; **preoccuparsi di** s. sorgen um
preoccupato besorgt
preoccupazione *(f)* *(Besorgnis)* Sorge
preparare vorbereiten; zubereiten
prescrịvere aufschreiben
presentare vorzeigen; vorstellen
presentazione *(f)* Vorstellung
presente anwesend
preservativo Kondom
prestare leihen
presto *(adv)* schnell, bald, früh; **al più presto possibile** so bald wie möglich
prete *(m)* Priester
pretesa Forderung
pretesto Vorwand
prezzo *(Geld)* Preis; **prezzo del biglietto d'ingresso** Eintrittspreis
prima *(eher)* früher, vorher; erst, zuerst; **di prima qualita** erstklassig, prima; **prima di** bevor; *(zeitlich)* vor
primo erstens; **in primo luogo** erstens; zunächst
primo/prima erste(r, -s)
principale *(adj)* hauptsächlich
principalmente *(adv)* hauptsächlich
privato privat
probạbile *(adj)* wahrscheinlich
probabilità Wahrscheinlichkeit
probabilmente *(adv)* wahrscheinlich
problema *(m)* Problem; Frage
processione *(f)* Prozession
procura Vollmacht
procurare beschaffen, besorgen
prodotto Erzeugnis, Produkt; **prodotto alimentare** Nahrungsmittel
produrre erzeugen; machen
professione *(f)* Beruf
profilạttico Kondom
profondo tief
progetto Entwurf, Plan
programma *(m)* Programm
progresso Fortschritt
proibire verbieten
prolungare *(zeitlich)* verlängern
promessa Versprechen
promẹttere versprechen
promuọvere *(im Rang)* befördern
pronto bereit, fertig; *(tele)* hallo; **pronto soccorso** Erste Hilfe
pronụncia Aussprache
pronunciare aussprechen
proporre vorschlagen
proposta Vorschlag
proprietạrio Eigentümer, Besitzer
proprietà Eigentum, Besitz; **proprietà terriera** Landgut
proprio eigen; **prọprio in questo minuto** *(zeitlich)* gerade; **prọprio ora** *(zeitlich)* eben
prospetto Prospekt
prọssimo nächste
protẹggere beschützen
protestare protestieren
protezione *(f)* Schutz
prova Probe; Beweis
provare anprobieren; beweisen
provenire stammen
provvedere besorgen
provvisoriamente *(adv)* vorläufig
provvisọrio provisorisch, vorübergehend
provvista Vorrat
prudente vorsichtig
prụdere beißen, jucken
pubblico öffentlich; Publikum
pulire putzen, reinigen
pulito *(Wäsche)* frisch, sauber
pụngere stechen
punta Spitze, Gipfel; **a punta** spitz; **punta del dito** Fingerspitze
punto Punkt; **punto culminante** Höhepunkt
puntuale *(adj)* pünktlich
puntualmente *(adv)* pünktlich
pure auch; sogar
purtroppo leider
puzzare stinken

Q

quaderno Heft
quadrangolare viereckig
quadrato viereckig
quadro *(Gemälde)* Bild
qualche einige; **in qualche modo** irgendwie; **in qualche posto** irgendwohin
qualcosa etwas
qualcuno jemand
quale … ? was für ein/eine … ?
qualità Eigenschaft; Qualität
qualsịasi *(adj)* jeder beliebige

quando wann; *(zeitlich)* wenn, als
quantità Menge
quartiẹre *(m)* Stadtteil
quarto Viertel
quasi fast, beinahe; ungefähr
quella jene
quello jener
questa diese
questione *(f)* Frage; Angelegenheit
questo dieser, das
qui hier; hierher

R

rạbbia Wut
raccọgliere sammeln
raccolta Sammlung
raccolto Ernte
raccomandare empfehlen
raccomandazione *(f)* Empfehlung
raccontare erzählen; **raccontare bugie** schwindeln
radere rasieren
rạdio *(f)* Radio
ragazza Mädchen
ragazzo Junge
rạggio Strahl
raggiụngere erreichen
ragione *(f)* Vernunft, Verstand; **avẹr ragiọne** recht haben
ragionẹvole vernünftig
rallegrarsi di s. über/auf freuen
rammendare flicken
rapidamente *(adv)* schnell, rasch
rapido *(adj)* schnell, rasch
rapporto Bericht; Verbindung
rappresentazione *(f)* *(Theater)* Vorstellung
raramente *(adv)* selten
raro *(adj)* selten
reale wirklich
realizzare verwirklichen
realtà Wirklichkeit
recente *(kürzlich)* neu
recipiente *(m)* Behälter
reclamare reklamieren; **reclamare per** s. beschweren über
reclame *(f)* Reklame
reclamo Beanstandung; Beschwerde
regalare schenken
regalo Geschenk
regione *(f)* Gegend
registrare aufnehmen
regolamento Vorschrift
regolare regeln; *(adj)* regelmäßig
relazione *(f)* Verbindung
rẹndere *(Geld)* herausgeben; **render noto** bekannt machen; **rẹnder possịbile** ermöglichen
replicare erwidern
residenza Wohnsitz, Wohnort
respịngere zurückweisen
respirazione *(f)* Atem
respiro Atem
responsạbile verantwortlich
restare übrigbleiben
restituịre zurückgeben; zurückbringen
resto Rest; **del resto** übrigens
rete *(f)* Netz
retribuzione *(f)* Lohn
rettificare richtigstellen
riavere wiederbekommen
ricchezza Reichtum
rịccio (di mare) Seeigel
ricco reich; reichlich
ricẹvere bekommen, erhalten
ricevimento Empfang
ricevuta Empfangsbestätigung, Quittung
richiesta Forderung
ricompensa Belohnung
ricompensare belohnen
riconọscere erkennen
ricordare a qlc qc jdn an etw erinnern; **ricordarsi** s. erinnern
ricordo Andenken
ridare wiedergeben; zurückgeben
rịdere lachen
ridịcolo lächerlich
riduzione *(f)* Ermäßigung
riempire füllen
rientro Heimreise
riferire berichten, melden; ausrichten
riferirsi a s. auf beziehen
rifiutare ablehnen, zurückweisen
rifiutarsi s. weigern
rifornire di versorgen mit
riguardo Rücksicht; **senza riguardo** rücksichtslos
rilevare *(sagen)* bemerken
rimandare *(zeitlich)* verschieben
rimanente übrig
rimanere bleiben; übrigbleiben
rimborsare zurückzahlen
rimẹttere *(Geld)* überweisen
rimẹttersi s. erholen
rinfrescate *(f)* Erfrischung
rinfresco Erfrischung
ringraziare danken
rinnovare erneuern
rinunciare *(verzichten)* aufgeben
riparare reparieren

riparazione *(f)* Reparatur
ripẹtere wiederholen
ṛipido steil
riportare zurückbringen
riposarsi s. ausruhen, s. erholen
riposo Ruhe; Erholung
risarcimento Ersatz
risarcimento dei danni Schadenersatz
risarcire *(Schaden)* ersetzen
riscaldare wärmen; heizen
ṛischio Risiko
riservare reservieren
risoluzione *(f)* Entschluß
risọlvere lösen
risparmiare sparen
risplẹndere *(glänzen)* scheinen
rispọndere antworten; beantworten
risposta Antwort
ristabilimento Erholung
ristorante *(m)* Gaststätte, Lokal
risultato Ergebnis
ritardare s. verspäten
ritenere meinen
ritirarsi s. zurückziehen
ritornare zurückkehren; wiederkommen; umkehren
ritorno Rückkehr; **ritorno in pạtria** Heimreise
rivedere wiedersehen
rivista Zeitschrift; Revue
rivolgersi a qlc s. an jdn wenden
rọccia Fels
rọmpere brechen; zerbrechen
rọmpersi *(kaputtgehen)* reißen
rotondo rund
rotto kaputt
rovinare verderben
rubare stehlen
rubinetto Wasserhahn
rumore *(m)* Geräusch; Lärm
rumoroso laut
russare schnarchen

S

sacchetto Tüte
sacco Sack
sala Halle; Saal
saldo fest
salire steigen; hinaufgehen; **salire (durante il viạggio)** zusteigen; **in salita** bergauf
saltare springen
salutare grüßen; begrüßen
salute *(f)* Gesundheit; Wohlbefinden
salvare retten
sano gesund
santo heilig
sapere *(m)* Wissen; wissen; *(gelernt haben)* können; **sapere di** riechen nach; schmecken nach
sapore *(m)* Geschmack
sassoso steinig
satollo satt
sazio satt
sbadigliare gähnen
sbagliare verfehlen
sbagliarsi s. irren, s. täuschen, s. verrechnen
sbagliato falsch
sbạglio Fehler *(den man macht);* **per sbạglio** aus Versehen
sboccare *(Fluß, Straße)* münden
sbocco Mündung
sbrigare erledigen; **sbrigare un affare** eine Angelegenheit erledigen
scadenza *(Frist)* Termin
scala Leiter; Treppe
scambiare austauschen, vertauschen, verwechseln
scạmbio Austausch, Wechsel
scạmpolo *(Stoff-)Rest*
scạpolo Junggeselle
scarafạggio Kakerlak
scaricare abladen
scarpa Schuh
scarso gering
scassinare aufbrechen
scạtola Büchse; Dose; Schachtel; **scạtola di fiammịferi** Streichholzschachtel; **scạtola di conserva** *(Konserve)* Büchse
scẹgliere wählen; aussuchen
scelta Auswahl; Wahl
scemo blöd, dumm
scẹndere hinuntergehen
scherzo Scherz; Spaß
scintilla Funke
scommessa Wette
scommẹttere wetten
scọmodo unbequem
sconosciụto unbekannt; fremd
sconsiderato rücksichtslos
scontento unzufrieden
sconto Rabatt
scontro Zusammenstoß; Stoß
scopo Ziel; Zweck
scoppiare platzen
scoprire entdecken
scorciatọia *(Weg)* Abkürzung
scorpione *(m)* Skorpion
scọrrere fließen

scortese unhöflich
scrịvere schreiben
scultura *(Bildhauerkunst)* Plastik
scuola Schule
scuro dunkel
scusa Entschuldigung
scusare entschuldigen; verzeihen; **scusarsi** s. entschuldigen; **scusi tanto!** Entschuldigen Sie bitte!
sdoganare verzollen
sdraiarsi s. hinlegen
se *(Bedingung)* wenn; ob; **se no** *(Gegensatz)* sonst, anderenfalls
seccante lästig
secco trocken
seconda zweite
secondo zweitens; zweiter; Sekunde; **in secondo luogo** zweitens; **secondo me** nach meiner Meinung
sede *(f)* Sitz
sedere sitzen
sedersi s. setzen
sẹdia Stuhl
segnalatore d'incendio *(m)* Feuermelder
segnale *(m)* Signal; Schild
segno Zeichen
segreto geheim; heimlich
seguace *(m, f)* Anhänger/in
seguire folgen; befolgen; **seguire con lo sguardo** nachsehen
self-service Selbstbedienung
selvaggina Wild
selvạggio wild
sembrare scheinen
sẹmplice einfach
sempre immer; stets
sensịbile empfindlich, sensibel, zart
senso Sinn
sentiẹro Pfad; Weg
sentimento Gefühl
sentire fühlen; hören; riechen
senza ohne; **senza impegno** unverbindlich
separare trennen
separato getrennt
sera Abend
sereno heiter
sẹrio ernst
serpente *(m)* Schlange
serratura *(Tür)* Schloß
servire dienen; bedienen; servieren
servirsi zugreifen
servịzio Dienst; Bedienung
sesso Sex
sete *(f)* Durst
settimana Woche; **durante la settimana** wochentags
settimanale *(adj)* wöchentlich
severo streng
sfacciato unverschämt
sfavorẹvole ungünstig
sfociare *(Fluß)* münden
sfortuna Unglück
sfortunatamente unglücklicherweise
sfortunato unglücklich
sforzarsi s. bemühen
sforzo Anstrengung; Mühe
sgarbato unfreundlich
sgridare schimpfen
sguardo Blick
si man
sì doch
sicurezza Sicherheit
sicuro *(adj)* sicher
sigaretta Zigarette
sigaretto Zigarillo
sịgaro Zigarre
significare bedeuten; heißen
significato *(Sinn)* Bedeutung
signọr *(vor Namen)* Herr
signora Dame; *(vor Namen)* Frau
signore Herr
signorina Fräulein
silẹnzio Schweigen; Stille; Ruhe
silenzioso still; schweigend
sillabare buchstabieren
sịmile ähnlich
simpạtico nett; sympathisch
singolo einzeln
sinistro/sinistra linke(r, -s); **a sinistra** links
situazione *(f)* Lage; Zustand
smacchiatore *(m)* Fleck(en)mittel
smarrirsi s. verirren
smẹttere aufhören
snello dünn; schlank
sobborgo Vorort; Vorstadt
società Gesellschaft
soddisfatto befriedigt; zufrieden
soffitto *(Zimmerdecke)* Decke
soggiorno Aufenthalt
sognare träumen
sogno Traum
sole *(m)* Sonne
soleggiato sonnig
solenne feierlich; heilig
solitạrio einsam
sọlito üblich; gewohnt; **di solito** normalerweise
solo allein; nur; erst
soltanto nur; erst
somma Betrag, Summe

sommare zusammenrechnen
sonnịfero Schlafmittel
sonno Schlaf
sopportare ertragen; tragen; vertragen
sopra auf; über; oben
soprattutto vor allem
sorella Schwester
sorgente *(f)* Quelle
sọrgere del sole *(m)* Sonnenaufgang
sorpassare überholen
sorpreso überrascht
sorso Schluck
sorvegliare bewachen
sospetto Verdacht
sostituịre ersetzen
sottile dünn; fein
sotto unter, unterhalb
sottopassạggio Unterführung
spago Bindfaden, Schnur
sparare schießen
sparire verschwinden
spaventare erschrecken
spaventoso fürchterlich
spạzio Raum
spazzatura Abfall
spạzzola Bürste
spazzolare bürsten
speciale speziell; Sonder...; extra; *(eigenartig)* eigen
spẹcie *(f)* Sorte
spedire versenden
spẹgnere ausmachen; löschen; **spẹgnere la luce** das Licht ausmachen
spẹndere ausgeben
sperare hoffen
spese *(pl)* Kosten, Ausgaben, Spesen, Unkosten
spesso *(adj) dick; (adv)* oft, häufig
spettạcolo Aufführung, Veranstaltung, Vorstellung
spettatore *(m)* Zuschauer
spezzare abbrechen
spiacẹvole unangenehm, unerfreulich
spiạggia Strand
spịccioli *(pl)* Wechselgeld
spiegare *(deutlich machen)* erklären
spillo Stecknadel; **spillo di sicurezza** Sicherheitsnadel
spịngere stoßen; drücken; schieben
spinta Stoß
spịrito *(Brenn-)*Spiritus; Geist
splẹndido herrlich
spogliarsi s. ausziehen
sponda Ufer
sporcịzia Schmutz
sporco schmutzig
sport *(m)* Sport
sportello Schalter
sposare heiraten; **sposato con** verheiratet mit
spuntino Imbiß, Schnellimbiß
squadra *(Sport)* Mannschaft
stabilimento balneare Badeanstalt
stabilire festsetzen
stagione *(f)* Jahreszeit; Saison; **alta stagione** Hochsaison; **fuori stagione** außerhalb der Saison
stanco müde
stanga Stange
stanotte heute nacht
stare (in piedi) stehen; **stare attento (a)** aufpassen (auf)
starnutire niesen
stasera heute abend
Stato Staat
stato Zustand, Verfassung
statura *(Körper-)*Größe
stella Stern
stesso selbst; **lo stesso** dasselbe, derselbe
stimare schätzen
stoffa Stoff
stọria Geschichte
strạccio Lappen, Tuch
strada Straße; Weg; **strada provinciale** Landstraße; **per la strada** unterwegs; **per strada** auf der Straße
stranịero Ausländer; ausländisch; fremd
straniera Ausländerin; Fremde
strano *(seltsam)* eigen
straordinạrio außergewöhnlich
strappare zerreißen
stretto eng, schmal
studiare studieren
stufa Ofen
stụpido dumm
su auf; über; **in su** bergauf; aufwärts; **sul Tẹvere** am Tiber; **sulla strada** auf der Straße
sua *(poss prn)* sein; ihr
sụbito sofort; gleich
succẹdere geschehen, passieren
successo Erfolg
sud *(m)* Süden; **a sud di** südlich von; **del sud** südlich
sudare schwitzen
sufficiẹnte genug
suggerimento Tip
suo *(poss prn)* sein; ihr
suolo Boden
suonare läuten; klingeln; *(Uhr)* schlagen
suono Klang

suọra Ordensschwester, Nonne
supẹrfluo überflüssig
supermercato Kaufhaus
supplementare zusätzlich
supporre annehmen, vermuten
supposizione *(f)* Vermutung
svantạggio Nachteil
svẹglia Wecker
svegliare wecken
svegliarsi aufwachen
svẹglio wach
svelto *(adj)* rasch
svẹndita Ausverkauf
svenuto ohnmächtig
svestirsi s. ausziehen
sviluppare entwickeln
sviluppo Entwicklung
Svịzzera Schweiz
svịzzero/a Schweizer/in
svọlgere ablaufen
svọlgersi ablaufen
svoltare einbiegen; **svoltare a destra/ sinistra** einbiegen nach rechts/links

T

tabacco Tabak
tacco *(Schuhe)* Absatz
tacere schweigen
tagliando Abschnitt
tagliare schneiden
tale solch
tanto so viel, so sehr; **di tanto in tanto** von Zeit zu Zeit; **tanto … quanto** genau so … wie
tardare verzögern
tardi spät; **più tardi** später
targa Schild
tasca Tasche
tasse *(pl)* Gebühren
tassì *(m)* Taxi
tasso d'interesse Prozentsatz
tạvola Tisch; **a tạvola** bei Tisch
tạvolo Tisch
tazza Becher
te dich; **a te** dir
tedesca die Deutsche
tedesco deutsch; der Deutsche
telefonare telefonieren, anrufen
temere fürchten; befürchten
tempesta Sturm
tempo Zeit; Wetter; **in tempo** *(adv)* rechtzeitig; **a tempo** *(adv)* rechtzeitig; **un perịodo di tempo** eine Zeitlang
temporale *(m)* Gewitter
temporaneo vorübergehend
tenạglie *(pl)* Zange
tenda Vorhang
tenere halten; behalten; **tenere a mente qc** s. etw. merken
tẹnero zart; zärtlich; weich
tentare versuchen
tentativo Versuch
tẹnue *(Ton, Farbe)* weich
tenuta Landgut
terminare vollenden
termine *(m)* Termin
terra Erde; Land
terracotta Tonwaren
terreno Gelände
terrịbile schrecklich
territọrio nazionale Inland
terza dritte
terzo drittens, dritter; **in terzo luogo** drittens; **un terzo** ein Drittel
tesoro *(Anrede)* Liebling
tẹssera *(Personal-)*Ausweis
tessuto Gewebe
testimone *(m)* Zeuge
ti dir, dich
timbro Stempel
tipico typisch
tirare ziehen; reißen
tiro Wurf
toccare berühren
tọgliere wegnehmen
tọgliersi *(Kleider)* ausziehen
toilette *(f)* Toilette
tollerare vertragen
tonalità *(Farbe)* Ton
tono Ton; Farbton
tọrbido *(Flüssigkeit)* trüb
tornare indiẹtro zurückgehen, -fahren; umkehren
tossire husten
tra zwischen; unter; **tra breve** demnächst
trạccia Spur
tradurre übersetzen
trạffico Verkehr
tramonto (del sole) Sonnenuntergang
tranne außer
tranquillizzarsi s. beruhigen
tranquillo ruhig
trạnsito Durchgang
trascurare vernachlässigen
trasmissione *(f)* *(Radio, Fernsehen)* Sendung
trasportare befördern, transportieren
trattamento Behandlung
trattare behandeln
trattativa Verhandlung
trattenersi s. aufhalten

tratto Strecke
trattorịa Gasthaus, Gasthof
tribunale *(m) (Justiz)* Gericht
triste traurig
troppo zu sehr; zu viel; *(mit adj)* zu
trovare finden; treffen; **trovarsi** s. befinden; **trovarsi bene** sich wohl befinden
truccarsi s. schminken
tu du; **(il) tuo** dein
tubo Schlauch; Tube; Rohr
tụnnel *(m)* Tunnel
turista *(m/f)* Tourist/in
tuttavịa trotzdem
tutto *(adj)* ganz; all; alles; **il tutto** das Ganze; **tutte** alle; **tutti** alle; **del tutto** durchaus; **tutti e due** beide; **tutti i giorni** alle Tage; **tutto pieno** *(voll)* besetzt

U

ubbidire *(gehorchen)* folgen
ubriacarsi s. betrinken
ubriạco betrunken
uccello Vogel
udire hören
ufficiale offiziell; amtlich
uffịcio *(Dienststelle)* Amt; Büro; **uffịcio doganale** Zollamt; **uffịcio informazioni** Auskunftsstelle;
uffịcio oggetti smarriti Fundbüro
uguale gleich
ụltimo/ụltima letzte(r, s)
umano menschlich
ụmido feucht
umore *(m)* Laune
un/una/uno ein(e, er); **una volta** einmal
uncino Haken
ụnico einzig
uno eins; **l'un l'altro** einander; **uno e mezzo** anderthalb
uno/una qualsiasi irgendein(e, er, es)
uọmo Mensch, Mann
uọvo Ei
urgente dringend
usare gebrauchen, benutzen; verwenden, anwenden
usato gebräuchlich
uscire hinausgehen; *(Buch)* erscheinen
uscita Ausfahrt; Ausgang
uso Anwendung; Gebrauch; Verwendung; **in uso** gebräuchlich
ụtile nützlich; zweckmäßig

V

vacanza Urlaub
vagone *(m) (Zug)* Wagen; **vagone letto** Schlafwagen
validità Gültigkeit
vạlido gültig; **essere vạlido** gelten; **non vạlido** ungültig
valịgia Koffer
valore *(m)* Wert; **avere un grande valore** viel wert sein; **senza valore** wertlos
valutare schätzen
vạlvola (di sicurezza) *(el)* Sicherung
vantạggio Vorteil; Vorzug
vantaggioso vorteilhaft
variạbile unbeständig
varietà *(m)* Revue
vạrio *(abwechslungsreich)* bunt
vaso Gefäß
vẹcchio alt
vedere sehen
veleno Gift
velenoso giftig
veloce *(adj)* schnell
velocemente *(adv)* schnell
velocità Geschwindigkeit; Schnelligkeit
vẹndere verkaufen
vẹndita Verkauf; **in vẹndita** erhältlich
venire kommen; **venire a sapere** erfahren; **venire dentro** hereinkommen
ventoso windig
veramente *(adv)* wirklich
verificare nachsehen
verità Wahrheit
verme *(m)* Wurm
vero wahr; wirklich; echt; eigentlich
verso *(in Richtung auf, zeitlich)* gegen; um; **verso l'alto** aufwärts
vespa Wespe
vestirsi s. anziehen
vetrina Schaufenster
vetro Glas; Scheibe
vi euch
via Straße; Weg; fort, weg
viaggiare reisen
viaggiatore *(m)* der Reisende
viạggio Reise; Fahrt; **in viạggio** auf der Reise; **viạggio di ritorno** Rückfahrt
vicinanza Nähe
vicino(a) nahe; dicht dabei; neben; **vicino/vicina** Nachbar/in
vietato verboten; **vietato l'ingresso** Eintritt verboten!
vigili del fuoco Feuerwehr

A/Z

vigna, vigneto Weinberg
villa Villa
villạggio Dorf
villano gemein
vịncere gewinnen
vịncita Gewinn
violentare mißbrauchen; vergewaltigen
violento gewaltig
visịbile sichtbar
vịsita Besuch
visitare besichtigen; s. umsehen; *(med)* untersuchen
vista Ansicht; Ausblick; Aussicht
vita Leben
vitto Verpflegung
vivace lebhaft
vivente lebend
vịvere leben
voce *(f)* Stimme
vọglia Lust; **di mala voglia** nicht gern
voi euch; Sie; *(pl)* ihr; **a voi** *(dat)* euch
volare fliegen
volentieri gern
volere wollen; *(wünschen)* mögen; **volẹr bene a qlc** jdn lieb haben
volgare *(ordinär)* gemein
volt Volt
volta Mal; **per volta** *(jedesmal)* je; **un'altra volta** ein andermal; **una volta** einmal
voltare biegen; wenden
volume *(m)* der Band
vostro euer
votare *(Wahl)* stimmen, wählen
votazione *(f)* Wahl
vuọto leer

W

watt *(m)* *(el)* Watt

Z

zạino Rucksack
zanzara Mücke
zia Tante
zịo Onkel